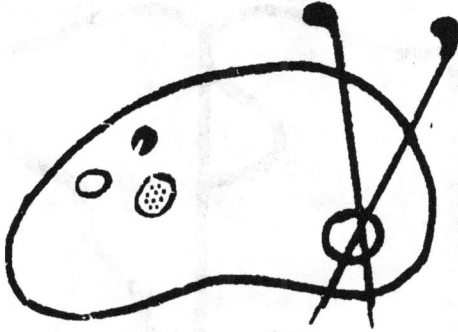

Couvertures supérieure et inférieure
en couleur

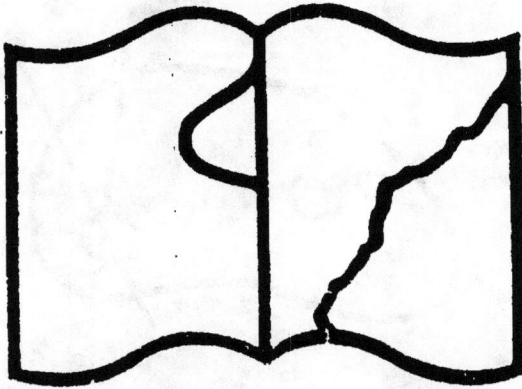

Texte détérioré — reliure défectueuse
NF Z 43-120-11

QUESTIONS

SOCIALES

A UNE CHÈRE MÉMOIRE

QUESTIONS
SOCIALES

LE D HECTOR CARRE

IMPRIMERIE DARANTIERE
RUE CHABOT-CHARNY, 65

—

1883

QUESTIONS

SOCIALES.

LIVRE PREMIER

Développement physique ou hygiène

CHAPITRE PREMIER

Quand on considère l'homme dans ses **rapports** avec lui-même ou avec ses semblables, **on trouve** toujours, sous quelque face que l'on **envisage la** question, que ces rapports sont :

> Physiques.
> Intellectuels.
> Matériels.
> Moraux.
> Sociaux.

En effet, en procédant par analyse, ne voyons-nous pas que, dans tout acte de la vie **humaine**, la force *physique* qui fait exister n'est pas **moins in-**

dispensable que l'*intelligence* qui fait comprendre; et ne faut-il pas en outre que dans le milieu où il vit, c'est-à-dire dans toutes ses relations dans l'ordre *matériel* et dans l'ordre *social*, ne faut-il pas, dis-je, que l'homme ait un guide sûr, invariable dans la *liberté*, pour discerner le bien du mal et distinguer le juste de l'injuste?

C'est l'ensemble de toutes ces questions que je me propose d'étudier, et que je diviserai en cinq livres :

1° *Hygiène*. — Développement physique.
2° *Instruction*. — Développement intellectuel.
3° *Propreté*. — Développement matériel.
4° *Liberté*. — Développement moral.
5° *Association*. — Développement social.

CHAPITRE II

HYGIÈNE

Il ne manque certainement pas de livres où l'on puisse étudier fructueusement la science que l'on appelle hygiène ; on peut même dire que tous les ouvrages qui traitent de cette matière sont bien conçus, riches d'expériences, et surtout ce qui fait leur grand mérite, scientifiquement exposés, avec des divisions bien établies et une clarté qui ne laissent rien à désirer.

Mon but n'est pas, comme les savants auteurs auxquels je fais allusion, d'écrire un livre dogmatique. Il serait difficile de faire mieux; dans ce cas les modèles ne manqueraient pas, on peut dire que l'on aurait que l'embarras du choix.

Je veux profiter de la science acquise, prendre quelques-unes des lois de l'hygiène, lois scientifiquement reconnues, et m'en servir comme d'un levier pour pousser l'humanité vers le progrès; peut-être pourrai-je me tromper, je sais que je sème sur un terrain qui n'est pas préparé par la culture; la semence peut germer, mais je n'ignore pas qu'il est difficile de lui faire rapporter des fruits.

Qu'importe si ce travail n'est pas utile à mes semblables, il me sera utile à moi-même, car je ne suis mu que par une généreuse pensée, et une généreuse pensée plus on la conserve, plus on est heureux, et il semble qu'en la traçant sur le papier, on la garde et on la perpétue plus longtemps dans son souvenir et son esprit.

CHAPITRE III

L'hygiène est une science proprement dite, puisqu'elle a ses lois.

C'est cette science qu'il faut consulter, quand on veut chercher les règles à suivre pour le choix des moyens propres à entretenir l'action normale des organes dans les différentes phases de la vie.

Elle nous donne toutes les indications à remplir pour arriver à la santé et au développement physique.

De même que dans une société bien organisée la constitution renferme tous les éléments qui puissent élever l'homme au développement moral, c'est-à-dire à la liberté, dans une constitution doivent se trouver élaborées toutes les lois des sciences sociales, économiques, politiques ; de même dans l'hygiène se trouve le résumé de toutes les connaissances que la science acquiert dans les manifestations physiologiques ou pathologiques de l'homme.

L'hygiène, en un mot, est la plus élevée des sciences médicales, puisqu'elle les suppose toutes et qu'en définitive son but est grand, humanitaire. L'hygiène plus tard, par les progrès incessants de la civilisation, conduira l'homme à une vie meilleure.

L'hygiène, en un mot, est la science de la santé, et elle n'est pas moins utile à la conservation individuelle qu'à la conservation sociale.

CHAPITRE IV

Tous les législateurs de l'antiquité sans exception l'ont parfaitement compris. Quand on étudie les différentes constitutions religieuses qui se sont succédé et qui existent encore sur le globe, on remarque toujours, et en première ligne, les institutions hygiéniques. On pourrait même en étudiant ces institutions, tracer la marche des différents peuples dans l'humanité. C'est à ce point de vue qu'il faut étudier l'histoire, et la marche de la civilisation ; sans lois, sans mœurs, que pourrait être une agglomération d'hommes, sinon des troupeaux d'esclaves ou des peuplades comme il en reste encore dans le nouveau monde, et qui tendent à disparaître pour être absorbées par la civilisation ?

Que l'influence du climat joue un grand rôle, je le veux bien, mais un rôle aussi complet que le veut M. Taine et son école, c'est ce que je ne veux concéder. C'est justement pour lutter contre l'influence du climat, ont établi des règles sévères

1.

pour améliorer l'individu et organiser sa force sociale :

Manou.

Confusius.

Moïse.

Mahomet.

Lycurgue.

Tous les législateurs ont compris l'importance de cette question.

Il semble que de nos jours on oublie les préceptes qui cependant ont été les préceptes de tout le genre humain ; et il ne faudrait pas avoir réfléchi longtemps sur ce but humanitaire des peuples, pour voir combien sont près de leur perte les nations qui ne sont ni dirigées par les lois ni améliorées par les mœurs.

CHAPITRE V

Pour qu'une jeune plante puisse se développer, il faut que la graine dont elle *provient* soit de bonne qualité, et pour pouvoir parcourir toutes les phases de son accroissement, en un mot de sa vie, il faut qu'il lui soit possible de puiser dans le sol où elle est fixée tous les éléments nécessaires à l'entretien de son existence ; chose curieuse, cette vérité si simple, tout le monde la comprend.

Si l'éleveur veut améliorer son troupeau, il sait par des moyens ingénieux rendre la nature docile à ses lois; c'est là qu'éclate à chaque pas la puissante intelligence de l'homme. Il se rapproche du Créateur, car il crée lui-même.

Il prend le cheval sauvage, et à l'aide de soins, de nourriture, de science, par des croisements il crée un superbe animal fort, robuste, vigoureux et beaucoup plus agile que le sauvage, quoiqu'en dise Buffon. Plus loin il force le mouton de lui donner une plus grande quantité de laine; ailleurs, il commande au bœuf de lui donner davantage de chair.

Il est plus grand qu'un roi, et est comme le Créateur; non-seulement il dirige la force des animaux, mais encore il les transforme. Là il force le cheval à être agile, ici il veut qu'il soit fort, vigoureux et bête de somme.

Non-seulement il opère ces transformations sur les animaux, mais son empire est non moins grand sur les végétaux.

Il crée des fruits savoureux, et à l'arbre sauvage il commande de nourrir un étranger ; désormais toute sa végétation, toute sa vie, pour satisfaire aux volontés de l'homme.

Comment se fait-il que ces vérités très élémentaires ne soient pas plus connues? Il y a longtemps qu'un philosophe de l'antiquité avait gravé sur le temple de Delphes Γνωτι σεαυτον.

CHAPITRE VI

L'homme est, de tous les êtres organisés, le plus perfectible, il peut vivre sous la zone équatoriale et dans les régions glacées du pôle nord ; de chétif il peut devenir robuste, chez les gymnastes on voit à quel degré de force et d'agilité on peut arriver, mais le fait le plus probant est celui des boxeurs soumis à l'entraînement.

On peut donc modifier la force physique de l'homme.

Jusqu'alors on a dédaigné le développement physique.

En France, nos savants, nos philosophes et tous les hommes à profession sédentaire ont négligé le développement physique, comme si la profession sédentaire d'homme de cabinet n'exigeait pas un grand pouvoir de résistance.

Aussi les résultats ont été déplorables, presque toute leur progéniture est chétive et malingre, et dans le plus grand nombre des cas, incapable de poursuivre les travaux que leurs pères ont commencés.

Le mal existe partout, aussi bien dans ce qu'on appelle les hautes classes que dans les basses classes de la société : ignorance de part et d'autre.

Nous qui voulons l'amélioration de la race, nous

ne voyons que l'homme dans l'humanité, sans dis-
tinction de classes. On a dit que l'égalité existait à
la mort, c'est plutôt à la naissance qu'on aurait dû
dire.

CHAPITRE VII

C'est en se plaçant en dehors de l'être organisé
que l'homme a négligé ce qui devait lui être plus
utile.

Aujourd'hui que la science n'admet plus que tout
ce qui est créé le soit pour l'homme, il faut bien qu'il
se résigne à se considérer comme un — *animal.*

Sa part est déjà assez large sur cette terre ; si
par son intelligence il domine, il n'ignore pas que
sans le concours des animaux, il serait pauvre sur
terre luxuriante.

Et de plus, par quelle singulière aberration
l'homme ne chercherait-il pas à se fortifier ? De
tous les animaux c'est lui qui travaille le plus, qui
développe le plus de force, lui dont les maladies
sont les plus fréquentes, la vie la plus courte rela-
tivement, bien entendu par rapport à la loi de Buffon, développée par Flourens.

Aurions-nous besoin d'autres considérations
pour faire comprendre qu'il doit être fort avant
tout, puisqu'il est le maître, le roi des êtres créés,
car il n'y a pas de souveraineté sans la force.

CHAPITRE VIII

DE L'HÉRÉDITÉ

Tout être apporte en soi, en naissant, une force propre à l'espèce, commune à tous les êtres vivants, et une particularité d'organisation et d'aptitude qui est le résultat de l'hérédité.

L'hérédité venant de l'acte primordial générateur est donc cette force qui, tout en maintenant l'espèce, produit chez l'individu des modifications anatomiques, pathologiques et même morales.

Quand ces modifications sont produites, elles forment un type nouveau d'où sortira un groupe de races et de variétés.

Ces races et ces variétés produisent elles-mêmes d'autres types, qui sont le point de départ des générations nouvelles.

C'est ce que nous observons tous les jours chez les plantes et chez les animaux ; c'est une loi commune à tous les êtres organisés.

Cette évolution nous fait comprendre combien il est utile de savoir traiter le croisement des races, de les perfectionner et de les améliorer.

Ces faits, tout scientifiques, sont parfaitement compris des éleveurs. Il semble que l'homme ait dédaigné pour lui-même de se soustraire à la loi commune, comme si dans l'échelle animale il n'était pas soumis aux mêmes lois que les autres êtres organisés.

———————

CHAPITRE IX

L'enfant apporte, en naissant, les modes d'être des ascendants, du père ou de la mère, le plus souvent des grands-pères ou des grand'mères (ce qu'on appelle l'atavisme), et même des collatéraux. On peut même ajouter ce fait scientifiquement admis, qu'un conjoint antérieur mort peut laisser l'empreinte à la femelle.

Une veuve remariée peut avoir des enfants qui ressemblent au premier mari.

Tous les éleveurs connaissent ce fait que, si la femelle est fécondée, elle produira postérieurement des sujets ressemblants au premier générateur.

Ainsi, une chienne de race, fécondée par un chien de berger, produira fatalement des chiens qui ressemblent à ce dernier.

Une jument de sang, saillie par un cheval commun, est perdue pour la reproduction de chevaux de race.

Toutes les forces multiples productrices donnent à l'être créé une foule de variétés de forme, d'organisation, d'aptitude, même d'intelligence. Si elles ne sont associées d'aucun vice morbide, il y a l'hérédité normale ; si, au contraire, chez les ascendants se trouvent des états pathologiques transmissibles, il se forme l'hérédité pathologique.

On peut dire que toute la vie, et même l'avenir découlent de ces prédispositions.

Qu'on le sache donc, rien n'est plus important que de connaître l'arbre d'où vient le fruit.

CHAPITRE X

HÉRÉDITÉ PATHOLOGIQUE

L'hérédité pathologique n'est qu'un exemple plus frappant de l'hérédité.

De toutes les misères qui frappent l'humanité ici-bas, il n'en est pas de plus grande que celle qui est le résultat du vice originel.

Innocent, il porte en soi le germe fatal qui doit l'empoisonner toute sa vie et qu'il transmettra à sa progéniture, s'il a le temps d'en avoir une.

Quand on examine cette question, on reste comme anéanti sous le poids de la fatalité.

Que sont les grandes épidémies, fléaux passagers, le typhus, le choléra, la diphtérie, en pré-

sence de l'hérédité morbide? rien ou peu de chose,
en comparaison du nombre des victimes.

Les maladies épidémiques ou contagieuses
n'existent que pendant un certain temps, se limitent
et ne sévissent pas partout, elles passent comme
l'ouragan, mais les victimes de l'hérédité tombent
sans bruit, régulièrement.

Chez tous les peuples, on a cherché les moyens
de conjurer ces fléaux, et il faut dire que malgré
tous les progrès de la science on n'a encore guère
réussi à arrêter ces pernicieuses invasions.

Que dans un pays, l'invasion du choléra fasse
par exemple 10 victimes, que la phthisie pulmonaire
en fasse 20, à peine on s'occupera de ces 20 cas
de phthisie pulmonaire; l'attention et la frayeur seront pour les 10 cas de choléra.

Nous qui voulons améliorer l'espèce humaine,
nous serons frappés par les 20 cas de phthisie
pulmonaire et nous chercherons à constater les
effets de l'hérédité morbide, qui moissonne in-
finiment plus de victimes que tous les fléaux
réunis.

CHAPITRE XI

C'est à l'hygiène bien comprise d'aviser; l'Acadé-
mie de médecine a de grands prix à décerner pour

le choléra, etc., pourquoi de pareils encouragements n'existent pas pour les moyens propres à combattre les effets de l'hérédité morbide? Je pose cette question aux savants qui, j'en suis certain, seront de mon avis. Le nombre des travailleurs ne manquerait pas ; la science ne fait pas défaut, mais s'il faut que l'intelligence travaille, il faut aussi que l'idée philosophique la mène, et ce ne peut être que la philosophie utilitaire, véritable philosophie appelée sociologie par Auguste Comte, le plus profond penseur de ce siècle.

Les maladies héréditaires doivent disparaître quand l'étude de la sociologie sera bien comprise, et ne voyons-nous pas que bientôt seront conjurées ces terribles épidémies de variole, de diphtérie, par la connaissance de leur microbe. Les découvertes de Pasteur et les applications par Lister, chirurgien anglais, découvertes qu'avait devinées Raspail, ne sont-elles pas un encouragement pour l'avenir et ne font-elles pas pressentir qu'une grande révolution s'opère dans l'art de conserver la santé?

CHAPITRE XII

D'après ce que nous venons d'apprendre sur l'hérédité, nous voyons que l'enfance vit pour ainsi dire d'une vie préexistante.

Si les conditions sont favorables, tant mieux; dans cette vie nouvelle il y aura assez de causes pour altérer une machine bien organisée, et si quelques pièces manquent à la machine et l'empêchent de fonctionner avec harmonie, que de soins et de précautions pour conjurer les effets funestes.

Diriger et maintenir en bon état toutes les pièces de l'appareil, fortifier et améliorer celles qui ont moins de force, tel est le double problème à résoudre, problème immense : c'est la clef de voûte de l'édifice que nous voulons construire pour l'amélioration de l'homme. Qu'on le sache bien, c'est là qu'est l'avenir, non-seulement de l'homme, mais encore de l'humanité.

CHAPITRE XIII

Cette question domine toutes les autres : l'étiologie, étude des causes, est jusqu'alors la moins bien étudiée.

J'ai souvent réfléchi à cette lacune, et je pense que cela tient à ce que les médecins qui écrivent observent à Paris où il est bien difficile, pour ne pas dire impossible, dans cette grande ville de pouvoir suivre la filiation. Il faut bien s'en rapporter aux malades; on sait combien les récits sont exagérés et trompeurs. On peut dire que les données

manquent à Paris ; en province et à la campagne, il est plus facile de suivre les évolutions et les
différentes manifestations de l'hérédité. Mais les
médecins en province publient rarement leurs obser-
vations, et les procédés scientifiques leur viennent
de Paris, absolument comme les modes. Espérons
que, dans un temps qui n'est pas éloigné, par l'association, comme nous le démontrerons plus loin,
nous aurons la force d'égaler ou au moins de lutter contre la centralisation intellectuelle de Paris.
Alors, sans enlever à Paris sa puissance intellectuelle, elle sera doublée, mais répartie par notre
système de décentralisation. Aujourd'hui, une nouvelle méthode scientifique s'opère : la philosophie
aidée du microscope nous fait pénétrer plus inti-
mement dans les phénomènes intimes de la vie ;
les matériaux sont prêts , il ne reste plus qu'à
construire l'édifice, et la sociologie existera comme
science sociale.

_____

CHAPITRE XIV

La respiration et la digestion, de l'air et du lait :
voilà les deux grands actes de la vie extra-utérine.

AIR ATMOSPHÉRIQUE

L'homme à sa naissance est plongé dans l'air,
absolument comme le poisson dans l'eau, et pas

plus que ce dernier, il ne peut quitter son élément sans périr.

C'est l'organe le plus indispensable de la vie.

L'air est un fluide incolore, élastique, pesant, qui nous enveloppe d'une couche de 40 à 50 lieues environ. C'est à la science moderne, c'est à Lavoisier que revient l'honneur d'avoir décomposé l'air, que les anciens croyaient un corps simple. La découverte de la décomposition de l'air en oxygène, azote et acide carbonique, a produit une révélation toute nouvelle sur les phénomènes de la respiration; on n'avait jusqu'alors aucune idée de l'introduction de l'air dans les poumons; mais on sait par des expériences très connues que l'air pénétrant dans le poumon abandonne au sang une partie de son oxygène, qui se combine au carbone du sang et ensuite le sang dans l'expiration abandonne l'acide carbonique.

Ainsi donc, l'air est un corps composé. Dans la respiration il est décomposé, oxygène est pris, acide carbonique est rendu par l'aspiration. Quelle que soit la couche de l'air, on voit que bientôt une altération bien grande serait dans sa composition; mais, par une savante combinaison qui fait encore admirer les lois de l'harmonie universelle, les plantes ont une respiration inverse. L'être organisé prend l'oxygène et rend l'acide carbonique; la plante redonne l'oxygène et absorbe l'acide carbonique.

Ces données théoriques connues, il est facile d'en déduire les conséquences pratiques.

L'air agit *intus* et *extra*.

CHAPITRE XV

Un homme respire 16 fois environ par minute, introduit à chaque aspiration un tiers de litre d'air dans ses poumons ; il est facile de calculer la quantité d'air absorbé, mais il faut surtout bien comprendre qu'il en faut bien davantage pour que les organes puissent fonctionner d'une manière normale.

S'il absorbe 8 mètres cubes d'air dans les 24 heures, il en faut une bien plus grande quantité.

L'air doit être pur, non mélangé de substances délétères, gazeuses ou miasmatiques.

L'air le plus pur est l'air des montagnes, qui est plus sec, plus vif, et moins chargé de substances étrangères, l'air des forêts. Je ne puis résister au plaisir de citer Jean-Jacques Rousseau :

« C'est une impression générale qu'éprouvent tous les hommes, quoiqu'ils ne l'observent pas tous, que sur les hautes montagnes où l'air est plus subtil, on se sent plus de facilité dans la respiration, plus de légèreté dans le corps, plus de sérénité dans l'esprit, les plaisirs y sont moins ardents, les passions plus modérées. Les méditations y prennent je ne sais quel caractère grand et sublime proportionné aux objets qui nous frappent, je ne sais quelle volupté tranquille qui n'a rien d'âcre et de sensuel. Il semble qu'en s'élevant au-dessus du séjour des hommes, on y laisse tous les sentiments bas et terrestres, qu'à mesure qu'on approche des régions éthérées, l'âme contracte quelque chose de leur inaltérable pureté. On y est grave sans mélancolie, paisible sans indolence, content d'être et de penser. Tous les désirs trop vifs s'émoussent, ils perdent cette pointe aiguë qui les rend douloureux, ils ne laissent au fond du cœur qu'une émotion légère et douce, et c'est ainsi qu'un heureux climat fait servir à la félicité de l'homme, les passions qui sont ailleurs son tourment. Je doute qu'aucune agitation violente, aucune maladie de vapeurs pût tenir contre un pareil séjour prolongé, et je suis surpris que des bains de l'air salutaire et bienfaisant des montagnes ne soient pas un des grands remèdes de la médecine et de la morale. »

CHAPITRE XVI

Il faut renouveler l'air très souvent dans les appartements. On comprend les effets de l'air confiné.

Dans les grandes agglomérations d'hommes, très souvent des accidents se sont produits. Que ces faits se présentent dans de grandes villes, comme Paris, Lyon, ou d'autres centres manufacturiers, on le comprend, bien que nos édiles cherchent à améliorer; mais que de choses à faire, et combién sont peu de chose les pensées d'humanité en regard de la rapacité du gain du propriétaire?

Mais dans nos campagnes, où l'espace ne manque pas, combien moins encore sont observés ces soins! On peut presque excuser les malheureux citadins. Les exigences de certaines industries confinent une grande quantité d'hommes dans peu d'espace, mais le paysan, il ne peut avoir des excuses. L'habitant des villes a encore de la propreté, l'autre est sale. Ah! nos bons villageois, qui n'a pas vécu avec eux ne peut les connaître:

Voici la description qu'en faisait la Bruyère :

« L'on voit certains animaux farouches, des mâles et des femelles, répandus dans la campagne, noirs, livides et tout brûlés du soleil, attachés à la terre qu'ils souillent et qu'ils remuent avec une opiniâtreté invincible; ils ont comme une voix articulée et quand ils se lèvent sur leurs pieds, ils montrent une face humaine, et en effet ils sont des hommes. Ils se retirent la nuit dans des tanières où ils vivent de pain noir, d'eau et de racines; ils épargnent aux autres hommes, la peine de semer, de labourer et de recueillir pour vivre, et méritent ainsi de ne pas manquer de ce pain qu'ils ont semé. »

Sont-ils de nos jours reconnaissables à ces traits ? Certes, l'aisance y est mieux répartie, on peut dire que la misère n'existe plus, et il ne faut pas être bien clairvoyant pour se convaincre qu'ils arriveront dans peu de temps à la possession exclusive du sol. Au point de vue de la richesse, ne les plaignons donc pas ; d'autres ont nos sympathies, c'est le malheureux serf de la machine qui, après avoir travaillé tantôt le jour, tantôt la nuit et sans cesse, rapporte à la maison à peine de quoi faire subsister sa famille, sans espoir de l'améliorer, et qui n'a pour perspective — que l'hôpital.

CHAPITRE XVII

Le paysan est donc riche, là n'est pas la question.

Mais c'est en l'étudiant sous le rapport physiologique qu'on voit se manifester clairement l'influence de l'air sur les corps organisés.

L'air est le *pabulum vitæ*. Ils vivent autant d'air que d'aliments, les paysans. Mais en raison de leur nourriture vicieuse, ils sont rustiques, mais ne sont pas robustes. Il y a une très grande différence entre être rustique et être robuste.

2

L'âne peut être exposé à toutes les intempéries sans qu'il lui arrive aucun mal. Il ne fait que peu de travail, il est rustique — comme le paysan.

Le cheval anglais, avec une bonne nourriture, de grands soins, peut développer beaucoup de force. Il devient robuste.

Le paysan est plein de vice, d'astuce, — ni cœur ni honneur, incapable de comprendre les généreuses pensées ; — son cerveau n'est pas assez stimulé par le phosphore.

Je ne cherche certes point à dénigrer le paysan. J'admire sa constance dans le travail, sa sobriété, mais nous ne pouvons louer ses défauts qui sont inhérents à sa nature; ce que nous voulons, c'est de l'améliorer ; c'est que nous croyons que les temps sont venus que lui aussi peut venir s'asseoir au banquet de la vie intellectuelle.

CHAPITRE XVIII

Il ne suffit pas d'avoir proclamé le suffrage universel et de dire au paysan et à l'ouvrier : Venez tous, faites partie de la grande souveraineté nationale.

L'homme ne naît pas souverain, il le devient ; il peut et doit l'être par le développement des facultés qu'il possède, et qui sont les résultats de son organisation.

L'homme ignorant et prolétaire, comme le sont aujourd'hui nos paysans et ouvriers, ne peut être que le jouet et la victime des tyrannies

Hier encore il était serf, serf de la glèbe, — et voici qu'un beau jour on vient rappeler que tous les hommes sont égaux devant la loi ; la loi, c'est ce qui vit, qui existe, qui est, c'est quelque chose de palpable. J.-C. avait dit: Tous les hommes sont égaux devant Dieu ; mais Dieu c'est un inconnu.

Et puis, ce Dieu, ceux qui furent chargés de l'expliquer en firent un être méchant, jaloux, vindicatif, et surtout qu'il fallait craindre. — Soyez toujours bien craignant Dieu : telle était la formule du moyen âge. — Un enfer terrible qui punissait des crimes imaginables. Il semblait que le glaive de l'ange exterminateur était suspendu sur les têtes, qu'il n'y avait qu'une condition d'être : — l'humilité ; or, l'humilité, c'est la soumission aux puissances du ciel, et, comme les puissances de la terre doivent provenir du ciel, il arrivera que l'humilité devient obéissance, etc.

CHAPITRE XIX

Mais il arriva qu'un jour, jour qui ne doit pas être perdu dans la mémoire des hommes, on répéta: Tous les citoyens sont égaux devant la loi (formule autrement plus belle que celle de J.-C.), et c'est à partir de ce moment que date l'émancipation du paysan et de l'ouvrier.

En deux mots, voici l'histoire du paysan serf de la glèbe. Il est proclamé citoyen.

Le paysan et l'ouvrier émancipés par la Révolution, qui proclama cette grande vérité.

Tous les hommes sont égaux devant la loi.

Mais il fallait en faire un citoyen, ce qui n'a pas été fait, et c'est ce que nous espérons faire par les préceptes que nous avons établis.

Il faut de l'air en quantité suffisante, mais quelle différence dans les qualités.

L'homme, quoiqu'il fasse, il faut bien qu'il vive dans un air tantôt impur, tantôt miasmatique, froid ou chaud. Si l'air impur étiole, si les miasmes engendrent tant de maladies mortelles, on peut dire que les plus grandes causes de nos maladies proviennent de l'air chaud ou de l'air froid.

Comment s'y soustraire ? l'homme, moins bien partagé que les animaux, n'a pas de ces vêtements que la nature prévoyante leur a donnés pour l'été et pour l'hiver.

C'est à lui à chercher à suppléer. Le fait-il toujours avec discernement ?

L'homme est soumis à toutes les vicissitudes atmosphériques, il faut qu'il sache s'en préserver ou s'y habituer, ou bien, il faut qu'il succombe.

CHAPITRE XX

A sa naissance, l'enfant naît tout nu, soumis à toutes les influences extérieures, sans aucune autre protection. Il faut donc le couvrir. Quels sont les soins donnés à l'enfant nouveau-né?

Supprimer tous les maillots, laisser l'enfant libre dans des langes de laine, l'habituer de bonne heure à subir toutes les températures, commencer par les ablutions chaudes, tièdes et froides, laisser le col découvert, pour faciliter les mouvements de la poitrine, lui donner de l'air. Les enfants des hommes ont le cerveau remarquablement développé par rapport à leur âge et par rapport aux autres animaux. En effet, c'est la partie la plus essentielle, ce qui le caractérise des autres êtres.

Os sublime dedit.....

C'est la partie qu'il faut le plus surveiller.

Les vêtements les plus utiles seraient en même temps les plus commodes ; mais lutter contre les préjugés, contre la mode ! combien faut-il de temps pour déraciner ces abus ?

CHAPITRE XXI

Cependant il ne faut pas désespérer, on ne détruit les préjugés sans y apporter beaucoup d'énergie et surtout beaucoup de constance à les combattre. Combien a-t-il fallu de temps pour que les maillots et le biberon fussent condamnés ? Il est bien évident que ce n'est que par la diffusion des lumières, qu'on arrive au progrès. Il est difficile à atteindre ce but, mais poursuivons sans cesse, et nous obtiendrons un résultat. Les Anglais, qui sont nos maîtres quand il s'agit du confortable, entouraient leur corps de flanelle. Leur climat l'exigeait sans doute, mais le nôtre n'est pas si bienfaisant qu'on puisse s'en passer.

Un ridicule mal compris empêchait d'user de ces vêtements, qui sont d'une si grande utilité.

Il faut le répéter bien haut pour que l'on entende:
— Le peuple est plus mal vêtu qu'au moyen âge. Quelles sont les causes de la fréquence de la phthisie dans les campagnes? Je n'espère pas traiter ce

sujet à fond, mais au moins je vais donner des raisons qui ne se trouvent pas dans les livres.

CHAPITRE XXII

La richesse se répand et la race s'étiole, sa taille baisse, la phthisie pulmonaire, qui jadis ne moissonnait que les enfants des villes , la phthisie pulmonaire règne sur nos campages. Cette seule question de l'abaissement de la taille et de l'invasion de la phthisie pulmonaire suffirait pour entreprendre ce travail que je fais sur l'hygiène, heureux si, par mes conseils, je puis sauver quelques victimes du fléau dévastateur, ce sera la seule récompense que j'ambitionne pour les veilles.

Nous avons dit que la richesse se répandait dans les campagnes, et que cependant la race s'étiolait. Ces deux propositions de prime abord paraissent contradictoires. Essayons de jeter un peu de lumière et si nous pouvons trouver les causes du mal, le remède sera facile à appliquer.

Serf encore hier, prolétaire, le paysan est riche, et propriétaire. Nous avons déjà expliqué comment il était sorti du servage. Voici comment il est devenu propriétaire.

C'est toujours à notre immortelle Révolution

qu'il faut remonter, quand on peut un progrès dans notre société moderne.

CHAPITRE XXIII

Avant 89, le paysan payait tant de dîmes... Aujourd'hui il possède le sol. Pour arriver à la possession, il ne vit que de privations, et comme il travaille pour son compte, il se fait avec ardeur une nourriture un peu meilleure, mais complètement insuffisante. Exagération de travail, nourriture insuffisante, l'enfant, la fille travaillent trop jeunes. Voyez les filles des campagnes : jusqu'à dix-huit et vingt ans, il y a encore la fraîcheur de la jeunesse, mais au bout de quelques années le soleil qui a durci la peau, les privations qui ont ramolli les tissus, font que vous ne reconnaissez plus leur âge ; ont-elles vingt-cinq ans ou cinquante, on ne saurait le dire. Ayant vécu d'exagération de travail et de nourriture insuffisante, les seins deviennent flasques, et ne contiennent qu'un pauvre lait. — Encore si quelques soins venaient réparer les forces ; l'usage des bains, des ablutions leur étant inconnu, leur corps, enduit d'un vernis épithélial, fait que la respiration cutanée si utile pour l'harmonie des fonctions se fait difficilement, et c'est certainement à cette cause qu'il faut attribuer et

les rides précoces et cet aspect de vieillesse préma-
turée que nous présentent les habitants des campagnes.

CHAPITRE XXIV

On me dira: Cependant les paysannes sont mieux
habillées, elle ont même un certain luxe; ne nous y
trompons pas, ce n'est que la caricature du luxe. Ah!
si le luxe donnait lieu à la propreté, il faudrait l'en-
courager; mais toutes ces étoffes n'ont qu'un vernis,
il n'y a rien de confortable. Certes, les femmes du
moyen âge qui filaient leurs vêtements se trou-
vaient dans des conditions hygiéniques bien plus
favorables que celles d'aujourd'hui. Il faut espérer
qu'un jour le roi coton sera détrôné par la laine, et
espérons aussi que par les progrès de la science
nous pourrons acclimater les vers à soie pour
produire à bon marché.

CHAPITRE XXV

Que ne pourrions-nous dire des habitations, celles qui ont l'air et l'espace? Ils recherchent des ré-
duits étroits, humides, sans lumière. C'est bien

2.

avec raison que dit le proverbe italien : Là où
n'entre pas le soleil, le médecin entre souvent.
Rien de plus vrai. Quoiqu'ils fassent, ils passent
la moitié de leur existence dans ces taudis. S'ils
n'avaient pas le grand air vivifiant, ils n'y pourraient vivre. Pourquoi cet état existe? Le paysan est,
encore soumis aux craintes du moyen âge, il croit
encore aux revenants, et n'ose pas se séparer de ses
voisins ; de plus, le malheureux il paye la lumière,
aujourd'hui il peut la payer. Cet impôt n'est pas
plus injuste que tant d'autres, mais autrefois quand
il fallait payer et le prêtre et le noble, il ne restait
rien pour avoir de la lumière, on perçait un faible
jour. Ces maisons existent encore, et ce n'est pas
sans un serrement de cœur que l'on voit combien
de tyrannies ont pesé sur le pauvre peuple. On lui
prend sa lumière, on lui prend son sang. Ah !
quand comprendra-t-il que la lumière du soleil appartient à tous, que la vie est sacrée, et qu'elle ne
doit pas être sacrifiée pour satisfaire les caprices d'un
maître ?

CHAPITRE XXVI

Mais combien plus malheureux encore est le sort
de l'ouvrier !

Le paysan a le grand air qui le fortifie, de plus il
a sa propriété qui lui donne l'espérance.

Le plus souvent l'ouvrier vit au milieu de miasmes délétères, et il est rare qu'il puisse arriver à la propriété : de là découragement, débauche. Nous espérons plus loin le démontrer, que rien ne moralise plus l'homme que la propriété.

Quelles sont les causes de la misère de l'ouvrier, et quel en est le remède ?

Lasciate ogni speranza.

La misère engendre la misère, et quand on est tombé dans la dépravation, on ne peut plus s'en tirer.

Il faut quelquefois oublier ses maux, pas d'avenir dans le travail, pas de joie dans la famille, la misère, toujours la misère. Alors, comme pour chercher une consolation, l'ouvrier cherche à oublier, et c'est dans l'ivresse qu'il demande un remède à ses maux, remède trompeur, qui illusionne sur le présent et ne fait pas songer à l'avenir. Grattez l'ivrognerie, et vous y trouverez toujours une source de maux que le malheureux cherche à cacher, l'ivrognerie est plus souvent l'effet que la cause de la misère. Quand la misère a pénétré chez l'ouvrier, c'est fini. Nous osons espérer qu'avec notre système d'éducation, quand l'ouvrier se sera élevé, sa fréquentation du cabaret sera abandonnée pour l'école.

CHAPITRE XXVII

Dans notre société corrompue, le mariage tel qu'il existe, est encore une des principales causes de l'étiolement de la race et de la fréquence de la phthisie pulmonaire.

La première condition que l'homme ait à remplir ici-bas, est la conservation de l'individu et la propagation de l'espèce. En parlant de l'hérédité, nous avons essayé de faire comprendre l'importance de la constitution des types reproducteurs.

Nous ne reviendrons pas sur ce sujet. Toute la question du mariage est renfermée dans les préceptes que nous avons établis. Sache-le bien, jeune homme, ton avenir, l'avenir de tes enfants, de ta fortune, est dans le choix de la femme que tu accepteras.

Et vous, directeurs des peuples, sachez que tout l'avenir de votre pays est dans la vigueur de vos jeunes générations.

CHAPITRE XXVIII

Quel cri plus terrible que celui-ci : La race s'étiole, sa taille baisse, la phthisie pulmonaire aug-

mente. Eh quoi, vieille nation française, tu serais
donc arrivée à être dégénérée, ton sang s'appauvrit,
toi qui as marché la première entre les nations, qui
dans tous les temps as pu supporter sans te plaindre des luttes de géants, serais-tu donc disposée à
périr ? On se trompe, on prend une faiblesse pour
un manque de courage, une maladie pour la mort.
Toi qui as pu supporter toutes les défaites, toutes
les maladies, non tu ne succomberas pas. Le mala-
de est facile à guérir quand on connaît les causes
productives du mal. Or, ces causes, nous les con-
naissons, et quand nous les aurons détruites, nous
reverrons nos jeunes Français dignes de leurs aïeux.

CHAPITRE XXIX

Dans notre société égoïste, le mariage est un
marché honteux, et ce n'est pas en vain qu'une nation ou qu'un individu puissent s'écarter des lois de
la morale.

L'homme choisit une femme, que dis-je, choisit
l'argent d'une femme. La femme, guidée par ses
parents, agit de la même manière ; on pèse ce qu'il y
a de part et d'autre, le marché est conclu et comme
dans tous les marchés, il y a toujours un gagnant
et un perdant ; de l'âge, des maladies héréditaires,
des sympathies, on ne s'en occupe pas.

Voilà deux êtres qui ne se connaissent point, qui sont unis par un marché immoral, cherchant tous les deux à faire une bonne affaire. Mais voilà ces deux esclaves rivés à une chaîne, condamnés à vivre ensemble, sans estime l'un pour l'autre, comment pourraient-ils s'estimer? Ils savent qu'ils sont aussi coupables l'un que l'autre. Il n'y a pas de sympathie, d'attachement, alors les liens ne sont plus guère solides. Comme on ne s'aime pas, on ne tient pas à la famille. Les joies de la famille n'existent que quand il y a amour des parents. Alors comme on a procédé par égoïsme, on continue, on cherche non à avoir une famille, mais un seul enfant. Pour celui-ci, il a la chance d'être créé vigoureux, car il l'a été intentionnellement. Mais qu'il en arrive un second, ou un troisième, pauvres martyrs, ils sont le produit d'un écart, d'une débauche.

Or, on sait combien mauvaises sont les conditions. C'est l'égoïsme qui domine, ce ver rongeur qui non-seulement détruit toutes les qualités du cœur, mais encore celles du corps.

Tout le monde n'a pas qu'un enfant, me dira-t-on; je le sais, mais je pourrais citer bon nombre de villages où deux sont l'exception.

Quant à ceux qui en ont beaucoup, c'est la misère qui les engendre, et là où à peine un seul pouvait vivre, il faut de la pâture pour plusieurs.

On sait que parmi les reproducteurs, plus ils sont jeunes, plus les produits sont vigoureux.

On se marie vieux, et il faut en attribuer la cause aux armées permanentes, qui sont la plus grande plaie des sociétés modernes. Non-seulement il devient paresseux quand il a passé plusieurs années sous les drapeaux, mais il inculque des vices qui souvent empoisonnent sa progéniture. Comme tous les maux s'enchaînent, pour les rois et pour les empereurs, il leur faut des armées permanentes pour les entretenir ; il leur faut des impôts. Il faut donc vendre la lumière et l'air, au détriment de la santé ; il faut encore lui empêcher de boire un vin bienfaisant , favoriser la vente du gin, ou être marchand d'eau-de-vie de grain, comme le font les autocrates du Nord. Aux rois, aux empereurs, il leur faut une plèbe.

CHAPITRE XXX

Nous qui voulons des citoyens, nous dirons que l'on ne méritera pas le nom de citoyens tant que toutes ces entraves ne seront pas brisées.

Pour être, il faut vouloir.

La respiration et la digestion, avons-nous dit, sont les deux actes de la vie extra-utérine; nous avons montré l'importance de la respiration,

essayons de démontrer l'importance de la digestion.
C'est au berceau qu'il faut prendre l'homme pour le soumettre aux lois de l'hygiène.

CHAPITRE XXXI

LE LAIT

Le lait est l'aliment principal et exclusif des jeunes mammifères et de l'homme.

C'est le type de l'aliment parfait et il le mérite, parce qu'il renferme :

1° Une matière albuminoïde : le caséum;

2° Deux matières combustibles : une grasse, le beurre ; une sucrée, le sucre du lait.

3° Des substances minérales, telles que le sel marin, des phosphates et de l'oxyde de fer.

Voilà les éléments du lait.

Il renferme donc tous les principes qui doivent réparer ses muscles, son tissu cellulaire, et il doit en même temps pourvoir aux besoins de sa calorification; il doit encore renouveler et ses os et ses matières nerveuses et ses humeurs acides et alcalines.

Les savants ont comparé le lait au sang; en effet, tout ce que contient le sang, le lait le renferme.

Le lait est donc l'aliment principal de l'homme enfant. Il doit être l'aliment exclusif dans la première année, et c'est dans cette première année que l'alimentation est la plus importante pour arriver au développement physique.

Le lait qui convient le mieux au jeune est le lait de la mère, mais hélas! toutes les mères ne peuvent pas nourrir leurs enfants; nous le savons bien, et quand nous aurons perfectionné la race, celles qui ne pourront nourrir seront l'exception.

Malgré l'éloquent plaidoyer de Jean-Jacques Rousseau en faveur de l'allaitement maternel, on peut dire que l'on a peu gagné; le biberon, bien que blâmé par tous les médecins, est peut-être employé plus que jamais, c'est une question qui ne peut être décidée que par l'amélioration des mœurs.

CHAPITRE XXXII

Dans cette époque de rénovation, le peuple, non guidé par la science, a l'habitude de l'imitation; il imite tous les actes des classes qui lui paraissent supérieures, et comme les défauts sont plus visibles que les qualités, c'est surtout eux qu'il copie.

Il faudrait désespérer de l'amélioration de la race française, si les mêmes erreurs étaient continuées.

Trop longtemps servile, elle n'a aucune initiative;
il ne peut y avoir aucun progrès que si on suit
les préceptes que nous proposons et que nous déve-
lopperons dans la suite.

Alors l'homme pourra grandir, et si même les
principaux obstacles sont inhérents à sa manière
d'être, son long esclavage lui empêche de vivre et
de penser par lui-même et est là une des plus grandes plaies de la nation française, et, chose bien
triste à dire, c'est peut-être la nation qui a le
moins d'initiative.

CHAPITRE XXXIII

Mais je m'aperçois que je me laisse entraîner
hors de mon sujet, mais on ne peut s'empêcher de
répéter sans cesse les vérités qui sont pour nous si
écrasantes, j'y reviens. La mère doit nourrir son
enfant quand elle est d'une bonne santé et qu'il n'y
a ni chez ses ascendants ou collatéraux directs des
parents scrofuleux, phthisiques ou cancéreux.

Hors de là, cherchez si vous pouvez trouver une
bonne nourrice, ou si à la campagne vous pouvez trouver le lait d'un animal qui puisse y suppléer. Cherchez, et si vous pouvez trouver, vous
serez heureux, mais j'en doute.

Une fois que l'enfant a quitté la mamelle pour

vivre de la vie indépendante et qu'il a acquis les forces et l'intelligence pour faire de liberté dans ses mouvements et dans ses jeux, son éducation physique y diffère.

Après l'alimentation appropriée, les soins hygiéniques, tels que les bains, le massage. Il lui faut la liberté au grand air dans ses mouvements et ses jeux. C'est la meilleure gymnastique à cet âge.

CHAPITRE XXXIV

Mais si nous touchons à une grande question, à quel âge faut-il commencer à instruire les enfants, je dirai seulement que l'on commence trop tôt et que je répudie complètement les salles d'asile où les enfants sont soumis aux maladies contagieusés, et de plus sont condamnés à l'emprisonnement, ce qui est funeste à leur âge et contraire aux lois de la nature.

Plus tard, quand nous traiterons de l'association, nous exposerons un plan qui, je crois, sera plus conforme au développement physique.

S'il vivait maintenant Jean-Jacques Rousseau, que ne dirait-il pas au sujet de l'alimentation qui s'éloigne bien des lois de la nature?

Sans partager les idées excessives du philosophe de Genève, nous dirons que l'homme est omnivore,

que la chair des animaux est très utile pour
réparer les forces; que n'eût-il pas dit en phrases
éloquentes sur l'alcool et le tabac, ces poisons modernes, et sur les produits de l'épicerie presque
tous falsifiés et d'autant plus consommés qu'ils,
sont falsifiés, et qui font malheureusement la
base de l'alimentation! Il maudirait la chimie et le
prétendu progrès, et combien il rappellerait
l'homme aux lois de la nature. Jean-Jacques aurait
raison. Seulement la chimie n'aurait pas tort, c'est
la fausse application de cette science qui serait
blâmable; la solution du problème reste seulement
pour l'homme fortifié par l'instruction et agrandi
par l'association.

LIVRE II

Instruction ou développement intellectuel.

CHAPITRE PREMIER

Qu'on me donne un point d'appui et un levier, je soulèverai le monde, disait Archimède ; qu'on me donne l'instruction, dirai-je à mon tour, et je changerai la face de l'humanité.

En traitant de l'hygiène dans le précédent livre, nous avons expliqué les débuts de l'enfant, nous avons esquissé les moyens de conserver, de développer et de fortifier le corps; cherchons maintenant à développer l'intelligence.

L'homme est double, il y a la matière, il y a l'esprit, il y a le corps, il y a l'intelligence; il faut, comme disaient les anciens : « *Mens sana in corpore sano.* »

Aussitôt que l'intelligence commence à poindre, il faut commencer l'éducation ; quand on songe combien la vie est courte, et combien de temps il faut pour faire un homme, on comprend l'importance de la question ; pour le diriger cet enfant, il faut l'aimer, il faut l'amour de la famille ; on a

beaucoup discuté pour savoir lequel du père ou de
la mère, devait commencer l'éducation, je répon-
drai que je n'y attache aucune préférence, tous les
deux doivent y apporter leur concours ; malheureusement le père, trop absorbé dans les affaires,
néglige le plus souvent les soins de l'éducation de ses enfants ; s'il était plus vertueux, il
comprendrait mieux ses devoirs de citoyen, c'est
avec passion qu'il remplirait les fonctions d'insti-
tuteur du premier âge, et y trouverait une source
de jouissance et de bonheur pour toute sa vie ; mais
plus tard, il reviendra de ses erreurs, il ne fuira
plus ce qu'il cherche : le bonheur ; car le bonheur
n'existe que dans la satisfaction du devoir accompli ; jusqu'alors la santé du corps et celle de l'intelligence ne sont pas bien comprises des masses ;
exagération de chaque côté, on ne développe pas
assez le corps, et on cherche à trop développer l'intelligence.

Nous croyons avoir suffisamment démontré que
la santé n'existait que dans l'équilibre de ces forces.

CHAPITRE II

Aussi les Grecs, qu'il faut toujours consulter
quand on s'occupe de l'éducation, de l'instruction,
les Grecs, que l'on pourrait appeler les précepteurs

de l'humanité, avaient ce principe qu'il faut médi-
ter et qui renferme tout ce que la science peut four-
nir à ce sujet : aux athlètes ils conseillaient de faire
de la philosophie, et aux philosophes, ils conseillaient de faire de la gymnastique.

CHAPITRE III

A ce petit peuple, qui est encore le plus grand
de l'antiquité, il ne faut pas chercher ailleurs que
dans son système d'éducation, cette prépondé-
rance qui a exercé et exerce encore une si grande
influence sur tous les peuples de l'Europe. Développement du corps, développement de l'intelligence, tel était le but qu'il poussait jusqu'à
l'idéal ; jamais la beauté de la forme ne fut plus en
honneur, jamais l'intelligence ne fut plus honorée ;
aux jeux Olympiques, il y avait des couronnes pour
les athlètes, des couronnes pour l'éloquence ; c'est
cette dualité, cette perfectibilité, qui fut la cause
de la splendeur des Grecs ; dans le même enthou-
siasme, le peuple confondait la beauté du corps et
celle de l'intelligence.

L'Apollon du Belvédère était honoré comme les
poètes et les savants, et dans leur sublime enthou-
siasme, ils leur élevaient les mêmes statues, ils

en faisaient des demi-dieux, ils cherchaient l'idéal dans la perfection qu'ils traduisaient par cette expression sublime : Ὁμοίωσις τῷ Θεῷ.

CHAPITRE IV

Nul peuple n'a laissé sur la terre de traces plus profondes; c'est avec vénération que nous admirons leurs chefs-d'œuvre, le Parthénon, leurs philosophes, leurs savants.

On connaît à peine le nom de leurs gouvernants. Mais qui pourrait ignorer le nom de Phidias, d'Aristote, de Platon, qui sont encore comme des phares éclairant le monde ? Toute cette gloire n'est que le résultat de l'éducation.

Qu'on nous dise l'instruction d'un peuple, nous dirons quel a été son rôle dans l'histoire.

CHAPITRE V

Les Romains ont tenu une place bien plus grande dans le monde que les Grecs, mais que nous reste-t-il d'eux? le poëte a indiqué leur but dans l'humanité :

> . . . . tu, Romane, memento
> Parcere subjectis et debellare superbos.

Ils étaient conquérants, rapaces, c'étaient des barbares organisés admirablement pour la conquête; il leur fallait la force matérielle, aussi chez eux l'exercice du corps était à peu près la seule éducation ; comme les Grecs, ils se fortifiaient sans chercher la perfection de la forme : aux Grecs, l'Apollon du Belvédère; aux Romains, Horatius-Coclès.

La force brutale convient aux conquérants, voilà ce qu'ils possédaient : vivre de privations, supporter les fatigues; car il fallait combattre, combattre toujours, ils ne s'assimilaient pas les peuples, ils en faisaient des soldats, si bien qu'après avoir conquis le monde, ils ne laissaient rien après eux que le triste souvenir de leur passage; c'est que leur instruction était incomplète, que l'exercice du corps l'emportait sur celui de l'intelligence.

Par cette comparaison, on voit quelle différence existe entre ces deux peuples : l'un aimait la liberté, les sciences faisaient rayonner tous les éclairs de son génie; l'autre, immense et fort, vivait isolé; cette comparaison nous montre combien sont puissantes, sur les populations, les règles que nous avons établies.

———

CHAPITRE VI

Ce qui fait la grandeur de notre beau pays de France, c'est que, jusqu'alors, on a plutôt suivi les traditions des Grecs que celles des Romains ; la France des trouvères, de François Ier, des chevaliers du moyen âge, la France de Voltaire, la France de l'Encyclopédie, ne peut devenir la France des Césars, ce serait méconnaître sa place dans l'histoire ; si la France a marché à la tête des nations, c'était par l'idée, depuis l'époque des Croisades, jusqu'aux soldats de la République, il n'y a pas d'esprit de conquête ; être la première des nations et ne point prévaloir par la force, mais par l'idée, telle était la tradition de la France.

Qu'elle se souvienne de ses traditions, elle qui a proclamé les droits de l'homme ; elle marchera à la tête des nations, et grande, blessée, elle imposera respect au vainqueur, elle se réveillera portant l'oriflamme, symbole de la liberté, de l'égalité et la solidarité des peuples.

CHAPITRE VII

Les nations modernes ont subi une grande évolution, elles ne peuvent vivre dans l'isolement, la question de domination universelle ne peut exister que dans des cerveaux malades..Athènes républicaine était plus grande que les grands empires peuplés de troupeaux d'esclaves, la Suisse de nos jours ne le cède à aucune puissance du continent ; aujourd'hui, quoiqu'ils fassent les tyrans, ils sont bien forcés de compter sur l'universalité de ce qu'ils appellent leurs sujets. La vraie force existe dans la qualité intrinsèque de chaque membre de la société, c'est la qualité intrinsèque de chaque citoyen que nous voulons fortifier par l'instruction.

CHAPITRE VIII

Avant notre grande Révolution, l'instruction du peuple n'existait pas, mais les hommes de la Convention, ces illustres pionniers de l'avenir, ont tracé de main de maître le programme à suivre. Lakanal, et plus tard Michel Lepelletier, ont légué à leur pays : « Un plan d'éducation que le génie de l'humanité semble avoir tracé », comme disait Robespierre, mais depuis ces illustres pionniers, la question de l'instruction périt avec eux, et les diverses monarchies qui se sont succédé ont été logiques en ne développant pas l'instruction. M. Carnot a bien essayé, sous la République de février, de faire quelques progrès, mais la loi Loyola-Fal-

loux fit rétrograder encore ses velléités de réfor-
mes. **M**. Ferry a eu l'honneur, après dix années de
forme républicaine, de poser la question, on a com-
mencé à comprendre enfin ; mais que de choses
il reste à faire ! les Ferry, les Paul Bert, sont certainement des hommes capables et de bonne volonté, mais ils échoueront fatalement, s'ils ne procèdent pas scientifiquement au développement de
l'homme.

CHAPITRE IX

On a suivi à peu près les exemples des pays monarchiques de l'Europe; la France étant la dernière
pour l'instruction, on ne pouvait, sous peine de
déchoir, ne pas s'occuper de cette question; les ja-
lons sont posés, on se réveille, il faut bien croire
que d'ici à quelques années, l'instruction sous la
République française atteindra le niveau des Etats
monarchiques ; c'est avec un sentiment de honte
que j'écris cette phrase. Eh quoi, la France en
République est encore loin d'atteindre les pays monarchiques pour l'intruction ! quand on réfléchit
froidement à cette question, on se demande si jamais la France a été gouvernée par des républicains ; cependant M. Ferry, qui a pour collabora-
teurs M. Paul Bert, et le *primus inter pares*, M. Gam-

betta surtout, était un homme de science et de bonne
volonté, c'est lui qui disait « qu'il fallait refaire
les os et la moelle de la France » ; seulement ils ont
pris le change, ils ont fait fausse piste, ils ont
chassé la bête puante, c'est-à-dire le jésuite, ils
n'ont pas compris l'importance de l'instruction, ils
ont suivi les vieilles ornières des monarchies, ils
se sont faits les défenseurs de l'aristocratie contre
une autre aristocratie.

CHAPITRE X

Seule l'Eglise, ou plutôt les jésuites, par leur immense fortune et leur puissante discipline, jusqu'à présent ont lutté contre l'université.

En cela, ils comprenaient bien qu'une nouvelle
puissance s'établissait devant eux: l'université créée
par le centralisateur Napoléon, a pour objectif de
remplacer l'influence cléricale. Institution essentiellement monarchique, elle doit disparaître dans
une société de principe démocratique ; centrali-
satrice, elle doit faire place à la décentralisation ; je
suis convaincu que le plus grand titre qu'un de ces
hommes de valeur pourrait envier, serait celui d'être
appelé le restaurateur de l'instruction en France.
En effet, ce serait le plus beau titre de gloire, mais
je crains bien qu'on arrive qu'à un modique résul-

tat; c'est par la liberté, par l'association qu'on
pourra arriver à résoudre le problème; sans ces
deux forces on pourra réaliser quelques projets, et
non certes un plan de la réorganisation de l'instruction; momentanément ils suivent les traditions
de la monarchie, après de pénibles efforts et d'im-
menses sacrifices d'argent, ils arriveront peut-être
à ce résultat, c'est que le citoyen français sera aussi
instruit que le sujet allemand, autrement nous comprenons cette grande question.

CHAPITRE XI

L'instruction est une force, donc cette force doit
être développée également entre les citoyens,
autrement nous aurions les faibles et les forts.
Quand nous traiterons de l'association, nous indi-
querons les moyens pour développer également
cette force, et nous espérons démontrer que sans
les préceptes que nous avons établis, le problème
social ne peut être résolu.

CHAPITRE XII

L'Amérique, née d'hier, est aujourd'hui à la tête
de la civilisation, elle a cet avantage sur les nations

de l'Europe, qu'elle n'a pas passé par l'enfance de
l'humanité, elle ne connaît pas le régime catholico-
féodal, qui malgré nos révolutions laisse encore
des racines profondes dans le pays de France. La
scolastique et les différentes écoles philosophiques,
monstrueux assemblage de raison et de foi, dans un
langage baroque ont principalement servi chez
nous à retarder la marche de l'humanité; l'Amérique n'a pas connu ces périodes de l'enfance, aussi
marche-t-elle en avant, elle étonne le monde par
ses découvertes, son principe est : *Go-hehead*.

CHAPITRE XIII

Tandis que chez nous, à partir du 18 brumaire,
le progrès n'existe plus, tout ce que la Révolution
avait enfanté devait disparaître jamais mieux qu'aujourd'hui on ne remarque cette lacune, la Révolution voulait la décentralisation sans laquelle il n'y
a pas de liberté possible. Toutes les questions d'organisation y sont étudiées de main de maître, c'est
encore là qu'on doit chercher ses inspirations; malheureusement, la République fut forcée de faire de
la centralisation, car il fallait combattre non-seulement encore, il fallait vaincre l'ennemi de l'intérieur et celui de l'extérieur; la centralisation ne fut

qu'un système, un moyen de stratégie, tous les hommes intelligents d'alors le comprenaient bien, mais il s'agissait d'être ou de ne pas être.

CHAPITRE XIV

La centralisation ne peut servir qu'au despotisme d'un seul ou de plusieurs, ce qui en réalité est la même chose.

La centralisation prépara l'avènement du despote Napoléon, qui, en promenant tous les citoyens français dans les capitales de l'Europe, démontra que le courage et la bravoure n'étaient plus l'apanage d'une caste, mais de tous ; en cela on peut dire que tout le côté utile que Napoléon fit à la France, fut de développer le sentiment de l'égalité; il ne suffisait plus que le sang d'un Montmorency coulât dans les veines d'un citoyen français pour qu'il fût brave, tous les citoyens comprirent que la gloire était le résultat de toutes les forces de la nation; il porta un coup au prestige de la royauté en se faisant roi lui-même et en élevant partout d'anciens jacobins à la royauté, le prestige royal était détruit à son insu, le principal résultat de Napoléon fut de faire revivre l'égalité proclamée par la grande Révolution.

CHAPITRE XV

Qui dit démocratie, dit instruction.

Les naïfs, tels que Garnier Pagès, Ledru-Rollin, qui n'ont pas osé placer cette question capitale au-dessus de toutes les autres, ont ce jour-là étouffé la République et créé les plébiscistes, c'est-à-dire l'empire ; le peuple ignorant ne connaît pas d'autres histoires que celles de Napoléon ou de Geneviève de Brabant, légende et superstition ; si les hommes qu'un mouvement réussi avait portés au pouvoir eussent été à la hauteur de leur tâche, ils auraient compris qu'il faut des citoyens pour une démocratie, et une plèbe pour une monarchie. Voulant élever les concitoyens à l'état d'hommes libres, nous commencerons par l'instruction, c'est la clef de voûte de l'édifice que nous voulons construire ; comme le disait Montesquieu : « Aux Républiques la vertu » ; essayons donc de faire en sorte de rendre nos citoyens vertueux et libres, car on ne peut être l'un sans l'autre, et tout homme qui n'est pas animé par la vertu, la justice et la liberté, n'est pas un homme, mais une chose.

3.

CHAPITRE XVI

J'ai déjà dit que le peuple d'aujourd'hui est plus
mal vêtu qu'au moyen âge, j'ajouterai qu'il est
aussi ignorant qu'à cette époque, qui est générale-
ment regardée avec raison comme une époque de
ténèbres ; dans notre société actuelle, l'individualisme est tellement répandu qu'il a remplacé et
anéanti tous les nobles sentiments qui germent dans
le cœur de l'homme, l'individualisme est l'égoïsme
en action; les mots de patrie, de famille, d'honneur,
n'ont plus d'écho, chacun pour soi, chacun chez soi.
Quand on ne songe pas à la famille, peut-on lui
donner de l'instruction? Cherchons à améliorer les
enfants, en faire des citoyens, en un mot en faire
des hommes. Aujourd'hui il faut que le père de
famille soit forcé d'instruire ses enfants, il faut que
l'Etat force ses enfants à être citoyens, et citoyens
utiles. Nous les avons entendues toutes ces jéré-
miades contre l'obligation : elles sentaient bien les
partisans de l'obscurantisme, que leur cause était
perdue et que la lumière allait faire rentrer dans
l'ombre les oiseaux des ténèbres.

CHAPITRE XVII

Mais que l'on ne s'y trompe pas, si le peuple avait seulement cette instruction scolaire qui consiste à savoir lire, écrire et un peu compter, il en retirerait peu de profit, car il est parfaitement su de ceux qui enseignent les enfants que cette instruction paraît tout à fait insuffisante pour développer l'intelligence.

Il est incroyable de voir avec quelle rapidité un enfant oublie ce qu'il a appris : ainsi un enfant, et je prends pour exemple, très intelligent et studieux, sort à l'âge de 12 ans de l'école primaire ; à cet âge, il faut qu'il travaille pour gagner le pain de chaque jour, il ne reste guère de loisir à celui qui est forcé de travailler pour subsister. Eh bien ! si au bout de quatre ou cinq ans, vous examinez cet enfant devenu homme, vous êtes confondu de son ignorance : plus de lecture, plus d'écriture, plus de calcul, c'est justement le grand vide qu'il faut combler ; là vous ne pouvez plus employer l'obligation, la société devrait l'exiger pour donner les premiers éléments pour le travail à faire et elle devrait aussi donner l'outil, c'est ce qu'on ne peut faire qu'en suivant les principes que nous établirons en parlant de l'association.

CHAPITRE XVIII

Tous les pays, même les plus monarchiques, n'ont pas craint d'exiger l'instruction obligatoire. Par quelle singulière dérision un peuple qui est armé du suffrage universel n'est-il pas forcé d'être instruit? La France serait-elle le pays où la liberté ne pourrait pas s'implanter aujourd'hui? Quand on aura étudié seulement l'histoire, on verra que la cause principale vient de l'avènement de Napoléon, et les générations futures ne sauraient trop maudire ce despote qui a été pour la France, une cause de décadence ; c'est par le fait du règne de ce tyran que la nation française a perdu le fil de sa tradition.

CHAPITRE XIX

Née de la philosophie du xviiie siècle, la Révolution avait trouvé un travail tout préparé pour se développer : jamais on n'avait passé autant d'idées dans l'alambic, jamais il ne s'était établi un travail aussi grand de la pensée.

Montesquieu avait écrit l'*Esprit des lois*, et traçait

dans des pages immortelles le programme des Constitutions futures.

Voltaire détruisait les superstitions, et préparait le règne du bon sens. Rousseau entrevoyait le règne de la démocratie.

CHAPITRE XX

Mais il faut venir jusqu'à nos jours pour trouver une méthode scientifique, une vraie philosophie ; c'est Auguste Comte, le plus grand penseur de ce siècle, qui a formulé les règles à consulter pour le développement intellectuel.

Il fallait un esprit synthétique, la logique, la science, pour débrouiller, à travers l'histoire, la loi d'existence des sociétés. La sociologie, ou science sociale, existe, Auguste Comte en a posé les bases.

CHAPITRE XXI

Jusqu'alors l'obstacle nous est venu des grandes puissances monarchiques, des jésuites et de l'Université.

Les jésuites sont pour le régime catholico-féodal, l'université est pour la monarchie.

L'enseignement primaire dépendait, autrefois, absolument de l'Eglise qui le donnait elle-même gratuitement, le peuple n'apprenait guère que l'histoire sainte, il était ignorant ; l'ignorance ne fait pas de mal, comme le dit Jean-Jacques Rousseau, l'erreur seule est funeste, mais aujourd'hui, il faut bien le dire, *excessere dii*, les dieux ont passé, le vieux monde est mort.

La querelle entre les jésuites et l'Université ne nous intéresse guère, ces deux puissances ont fait leur temps ; essentiellement centralisatrices, elles ne peuvent que servir la monarchie, l'association doit seule les remplacer.

CHAPITRE XXII

Ici se présente naturellement cette question :
De l'éducation des femmes.

Elle doit être en rapport avec le but qu'elles remplissent dans l'humanité.

La femme ne doit pas commander les armées, son rôle non plus n'est pas d'étudier les sciences exactes ; une femme ingénieur serait aussi déplacée qu'une femme mécanicien, et une femme qui serait comme Mme Dacier serait une exception très remarquée, mais il y a un champ encore très vaste à féconder, la femme est la mère des hommes ; dans son association avec l'homme elle remplit le rôle de ministre de l'intérieur ; avec ses finesses de compréhension, sa sagacité et son génie presque divinatoire, elle peut marcher de pair avec l'homme qui, s'il n'a pas ses qualités innées, les compense par une conception plus suivie et plus méthodique.

La femme est, l'homme devient, a-t-on dit.

Mais la femme non développée perd bientôt le fruit de ses qualités innées ; il faut donc la perfectionner et suivre les lois de la nature.

CHAPITRE XXIII

N'oublions pas qu'un jour elle doit être mère et que, pour remplir cette fonction, elle doit être développée au physique et au moral ; l'éducation doit être dirigée vers ce but, de même que pour être la compagne de l'homme, elle ne doit pas lui être inférieure. L'union de l'homme et de la femme, c'est-à-dire le mariage, est une association non-seulement d'intérêts, mais d'idées surtout. Dans cette vie où tant de soucis l'attendent, l'homme a besoin, dans ses jours de tristesse et de découragement, pour lutter contre la mauvaise fortune, de trouver cet appui dans l'amitié. Hélas ! les amis sont rares dans la mauvaise fortune, mais dans le cœur de la femme qui devine si bien les joies et les tristesses, qui sait si bien donner l'espérance, c'est là que l'homme trouve une vie nouvelle, réconfortante, et la véritable amitié ; si l'homme veut être heureux, qu'il améliore la femme : en l'améliorant il s'améliore lui-même, et c'est par l'instruction des femmes qu'il pourra se compléter et avoir une grande source de bonheur.

LIVRE III

De la propriété ou développement matériel.

CHAPITRE PREMIER

Jamais on a entendu prononcer les noms de liberté et de propriété, que dans ces derniers temps, et, chose remarquable, ce ne sont pas ceux qui doivent désirer et revendiquer ces deux éléments de progrès, qui ont fait le plus de bruit à ce sujet; sans la liberté et sans la propriété, l'homme ne peut être un citoyen, ce sont deux termes corrélatifs, sans ces deux éléments, le progrès ne peut exister et les peuples qui ne possèdent pas ces bienfaits ne peuvent être que des esclaves. Il n'est pas besoin pour démontrer cette proposition, de développer la marche de l'humanité, de décrire l'histoire des peuples ; en étudiant les différentes phases qu'a subies la propriété chez un peuple, on connaîtrait assez exactement toutes les phases de son histoire.

CHAPITRE II

Cette étude est inséparable de toute étude histo-
rique, et aujourd'hui encore toute la science sociale est basée sur la modalité de la propriété ;
tout le malaise qui existe, toutes nos révolutions,
les différents partis qui s'agitent viennent de la
question de propriété, les mots de liberté et de
propriété n'ont jamais été bien compris parmi les
masses. Parmi les plus grands défauts de notre
caractère national, il y en a un qui est capital et qui
est aussi nuisible à lui seul que tous les autres, je
veux parler de cette malheureuse habitude que
nous avons en France de populariser un mot, sans
en bien connaître la signification propre : ainsi les
mots de propriété, de liberté, de famille, ont été
imprimés des milliers de fois, sans que jamais une
définition bien établie ait été donnée à ce sujet.

CHAPITRE III

Des partis ont pu établir leur puissance en se
créant les défenseurs de la famille et de la pro-

priété; certes, il faut bien avouer qu'il y en a qu
défendent la propriété et qu'il y en a qui l'attaquent.

Dans le pays de France, où les partis s'agitent
avec tant de fureur, il faut savoir que depuis 89 il
y a eu action et réaction; l'immortelle Révolution
fut principalement un résultat, elle ne profita
guère qu'à la bourgeoisie; cependant depuis la
Révolution un grand progrès s'accomplit, le paysan
pouvant posséder un lopin de terre, et libre et
maître chez lui comme jadis le seigneur, sentit
naître en lui le sentiment de l'égalité qui est de
plus en plus vivace chez lui; être propriétaire,
c'est-à-dire être libre, le paysan poursuit avec passion et avec fureur cette idée, cet amour effréné du
paysan pour la terre, n'est pas encore bien compris, c'est tout simplement une révolution radicale
qui s'opère, car propriété veut dire liberté.

CHAPITRE IV

Avant 89, la propriété, telle que nous la comprenons aujourd'hui, n'existait pas, elle n'était que
féodale, l'alleu était l'exception; ce n'est qu'après la
nuit du 4 août qu'elle devient complètement allo-
diale. Longtemps avant cette mémorable époque, la
féodalité avait reçu de rudes atteintes; les Louis XI,
les Richelieu, avaient porté de rudes coups au

principe, et dans ces grandes luttes on voyait
poindre la bourgeoisie; à l'époque des Croisades,
les nobles engageaient leurs propriétés pour cou-
rir les aventures, et bien plus tard, sous Louis XIV,
détenteurs de la propriété, par la vie dissolue qu'ils
menaient à la Cour, quoique leurs dettes étaient lar-
gement payées, ils furent les artisans de la ruine
de leur caste, comme Louis XIV fut l'artisan de
la ruine de la royauté.

CHAPITRE V

Tout s'enchaîne, les privilégiés peuvent vivre
sans travail, et comme le travail est la loi des sociétés modernes, il est dans la nature des choses
que les hommes qui ne travaillent pas disparaissent,
car le privilégié vit des sueurs, du travail des
autres; c'est un grand progrès que cette notion si
simple soit comprise des masses.

CHAPITRE VI

Or, voici ce qui s'est passé après la nuit du
4 août : la propriété devint morcelée, accessible à

tous, et ces nouveaux propriétaires, nouvelles couches sociales, voulurent participer aux places de l'Etat, et petit à petit ils abandonnèrent leurs terres pour jouir dans les grands centres, des faveurs que leur donnaient leurs places; ils s'habituèrent au luxe, eux et leurs descendants, ils eurent besoin de plus de revenus, et comme les terres ne rapportaient guère, ils se sont mis à les vendre; la Bande-Noire se forma alors, et augmenta encore le morcellement, de sorte qu'elle amena le règne de la propriété pour le paysan, c'est-à-dire le règne de la démocratie; les acquéreurs des biens nationaux, bien qu'aussi aristocrates que leurs anciens possesseurs, ont fait faire sans s'en douter, un grand pas pour la démocratie.

CHAPITRE VII

C'est ainsi que le paysan devint propriétaire de la terre; partout où le sol est morcelé, la démocratie s'est implantée et il ne faut pas être bien clairvoyant pour comprendre que d'ici à peu de temps, le paysan possèdera le sol, mais on me dira : la terre trop divisée sera préjudiciable à la grande culture, qui, surtout par des machines, donnera des résultats satisfaisants; il y a du vrai dans cette objection, mais nous répondrons que par l'association entre les petits propriétaires, nous pourrons créer de vastes domaines pour la culture; seulement, ces domaines n'appartiendront pas à un seul, mais à plusieurs, le paysan sera toujours propriétaire et personne ne peut dire que cette propriété, il ne l'a pas gagnée par son travail.

CHAPITRE VIII

Le paysan possède à peu de chose près cet élément du problème social, la nuit du 4 août a été faite en sa faveur; il n'en est pas de même de l'ouvrier, il est soumis à la féodalité financière, aujourd'hui plus puissante et plus inhumaine que ne l'a été l'autre, le paysan est émancipé, l'ouvrier ne l'est pas.

Le paysan s'est émancipé par son travail opiniâtre, en cela on peut dire qu'il a beaucoup été aidé par la suppression du droit d'aînesse.

CHAPITRE IX

La féodalité financière, le monopole : voilà l'ennemi.

Puissance nouvelle, plus forte que toutes les

aristocraties réunies, aussi tous les peuples de l'Europe commencent à le comprendre.

L'Allemagne s'agite lentement, mais sûrement; cette nation qui a mis cinquante ans à se préparer à faire la guerre à la France, l'Allemagne savante étudie le problème social, mais elle procède scientifiquement, non par saccades comme le fait la France ; elle a fait des progrès incessants, nulle part l'idée d'association n'existe plus, aussi Bismarck qui ne craint pas l'Europe en armes, tremble devant les socialistes allemands, il entrevoit déjà le règne de la République, qui évidemment sera démocratique.

CHAPITRE X

Les Allemands ont compris la véritable marche scientifique, ils procèdent de bas en haut, tandis que nous Français, nous procédons de haut en bas; honneur à leurs savants et patients chercheurs, honneur aux Bebel, aux Leibneck qui, l'empereur captif, protestèrent contre la guerre faite à la démocratie française, comprenant que les peuples sont solidaires et ne sont pas faits pour être les défenseurs du tyran.

La France, nous avons dit, a procédé de haut en bas, elle a presque anéanti toutes les aristocraties ; elle a fait avec passion, avec rage, comme tout ce qu'elle entreprend, elle a presque réussi, mais pas encore, car les aristocraties sont comme l'hydre de l'Herne, elles se reproduisent sous des formes différentes.

———————

CHAPITRE XI

La vraie féodalité est aujourd'hui remplacée par la féodalité industrielle; la première, détruite, a donné accès au paysan, le sort du paysan est incontestablement meilleur que sous la féodalité; quant à la seconde, la féodalité industrielle le sort de l'ouvrier est aussi misérable que l'était le paysan sous la féodalité; ainsi on peut dire qu'en France on a rien fait autre chose que de détruire une aristocratie pour en créer une nouvelle, ce qui n'a amené aucune amélioration chez le peuple.

———————

CHAPITRE XII

Plusieurs révolutions sanglantes ont eu lieu en France avec beaucoup de fracas et ont amené à peu près un résultat négatif, le sort de l'ouvrier n'a pas encore été amélioré; pour ma part, je préfère de beaucoup la méthode allemande, qui produira

sûrement plus tôt qu'on ne le pense de remarquables
résultats ; jusqu'alors en France on a fait fausse
route, on a cru qu'avec la République la question
serait résolue, mais il faut bien l'avouer, la République
n'a été qu'une monarchie ; beaucoup de
socialistes se sont trompés en croyant que la République
démocratique et sociale serait capable de
résoudre le problème, ils se sont trompés en cela
que, sans le vouloir, ils suivaient la tradition des
Jacobins ; ils veulent une République-Providence,
chargée de pourvoir à tout et de faire le bonheur
de tous ; nous ne saurions trop nous élever contre
cette manière de voir; en effet, ce serait l'État dispensateur
de toutes les forces, ce serait la centralisation
à outrance, et on sait ce que produit ordinairement
la centralisation : le despotisme, qu'il
vienne d'une monarchie ou d'une république, c'est
toujours le despotisme.

CHAPITRE XIII

Ce que nous voulons, c'est la République, *respublica*
et, comme le disait Prudhon, que peu ont
compris, *anarchie*, de α άρχος; c'est seulement par ce
moyen qu'on pourra arriver à une véritable solution.
On va, je le sais, crier au démagogue, mais
je n'écris que pour les hommes intelligents, je

4

sais combien ils sont rares ; donc pour nous, la République n'est pas une femme aux puissantes mamelles tenant dans ses mains la foudre, cela ressemble trop à Jupiter, elle est simplement la chose publique, comme l'indique le nom.

De plus, je voudrais la République au-dessus du suffrage universel.

CHAPITRE XIV

Le suffrage universel peut s'égarer, comme il a fait plusieurs fois, et par conséquent compromettre le problème social, il est déjà presque résolu ce problème, par le paysan qui a la propriété, mais il faudrait bien se garder de compter beaucoup sur ce succès accompli ; certes, c'est un grand point, mais ce n'est pas tout. Le paysan, par cela seul qu'il a la propriété, s'opposera de toutes ses forces au retour des monarchies de droit divin qu'il confond avec les dîmes, mais aliénant sa liberté, les dîmes pourraient reparaître sous une autre forme, c'est ce qu'il semble ignorer ; la propriété ne suffit pas, il faut posséder toutes les forces que nous avons établies, il faut se développer par l'hygiène, s'améliorer par l'instruction, et devenir véritablement citoyen par la liberté et se quintupler par l'association ; alors seulement, comme l'a dit un célèbre prélat, il sera véritablement le contre-maître du globe.

CHAPITRE XV

Le problème social est à peu près résolu pour le paysan, mais pour l'ouvrier, il ne l'est pas : le paysan possède la propriété seulement, l'ouvrier possède le travail, il lui manque l'intelligence, car $I \times T = C$, voici comment il faut comprendre l'action sociale.

Si l'ouvrier veut, il peut arriver comme le paysan, à l'émancipation. La propriété est une des conditions de l'homme, comme le dit Thiers: « A mesure que l'homme se développe, il devient plus attaché à ce qu'il possède, plus propriétaire, en un mot : à l'état barbare, il est à peine; à l'état civilisé, il est avec passion; » c'est par conséquent un signe de progrès dans l'humanité.

CHAPITRE XVI

L'Église autrefois était communiste, mais ils ont renié leur principe, comme du reste ils ont

déjà abandonné le père ; Jésus-Christ est démodé,
ils en sont à la vierge Marie, essayant d'agir sur
les femmes, leur seule clientèle ; le pape cherche
l'appui des protestants, il n'y a pas schisme, mais
effondrement complet. Ce n'est donc pas là qu'il faut
chercher des matériaux pour résoudre le problème social, il n'y a donc qu'une seule science,
celle de l'humanité.

L'humanité, c'est la religion nouvelle, le dogme
nouveau. Sous les différentes formes de théocratie,
il y a eu le régime des partisans de la plèbe, des
esclaves et des castes; le régime nouveau est carac-
térisé par la paix et le travail.

CHAPITRE XVII

Ainsi l'humanité emprunte toutes ses gloires au
passé et jette un rayon lumineux sur le présent ;
c'est ce régime nouveau, le régime du travail qui
s'annonce, c'est une rénovation sociale, je dira
même une révolution qui sera plus grande que
les révolutions produites par le Christ. Je n'invente
rien, j'envisage l'histoire et j'écris sous sa dictée :
après le fétichisme, le polythéisme et le déisme, nous
arrivons fatalement à la sociologie ou science sociale
c'est-à-dire à la paix, au travail et à la liberté.

LIVRE IV

Liberté ou Développement moral.

CHAPITRE PREMIER

Au milieu de tant de problèmes qui se discutent dans ce siècle, que l'on pourra appeler le siècle chercheur, il n'en est aucun qui présente plus d'intérêt que l'amélioration intellectuelle, morale et matérielle des classes déshéritées.

Améliorer dans la limite du possible, c'est ce que cherchent les penseurs, les hommes d'Etat et les gouvernants, chacun dans sa sphère, question à l'ordre du jour question brûlante qui envahit toutes les autres.

Les rois, les empereurs et même les républiques ne peuvent vivre qu'à cette condition.

CHAPITRE II

Le Nouveau-Monde a secoué ses langes où il se trouvait trop à l'étroit, depuis que l'homme sait qu'il vit par la pensée, que Bacon et Descartes ont agrandi le monde d'un sens nouveau, que la science, les arts, la poésie, sont véritablement le produit des facultés de l'homme, une révolution immense s'est faite dans la marche de l'humanité.

L'homme est double, il vit par la pensée comme il vit d'aliments ; que la nourriture soit saine, voilà ce qu'il faut à la santé, l'homme n'est pas libre de ne pas digérer, le nerf grand-sympathique préside à ses fonctions de la vie animale.

CHAPITRE III

Le cerveau est le siège et l'organe de la pensée ; sa grandeur, sa forme, le mode de sa composition sont en raison directe de la grandeur et de la force de son intelligence ; plus on cultive l'intelligence, plus elle se développe, le cerveau s'atrophie s'il ne travaille pas; en cela il subit la loi de tous les corps organisés, mais il semble que de tous les organes, c'est lui qui résiste le plus et qui se décompose le moins vite ; exemple : Voltaire vieux dans un corps chétif, qui avait beaucoup travaillé, n'avait rien perdu de son activité, et Victor Hugo ne nous donne-t-il pas un exemple bien frappant de ses facultés intellectuelles qui, au lieu de diminuer, grandissent chaque jour ?

Le cerveau est donc l'organe de la pensée.

CHAPITRE IV

Or, la pensée est libre, donc l'homme renferme en lui le principe de liberté. Ah ! ne cherche pas la liberté dans de vaines théories, elle est en toi, tu la possèdes ; fais tous tes efforts pour développer ton intelligence, et le succès est assuré, tu triompheras sûrement, comme nous l'avons prouvé dans un précédent livre.

Donc là où il existe un cerveau, il y a fonction, c'est-à-dire production de la pensée, de sorte qu'à ce point de vue, nous pourrions diviser les êtres vivants en anencéphaliens et en encéphaliens.

CHAPITRE V

Les anencéphaliens comprennent les espèces inférieures du règne animal : le cerveau est remplacé par des ganglions, espèces de nerfs grands, sympathiques qui président à la vie végétative.

Dire qu'ils sentent c'est assurément dire qu'ils perçoivent ; le microcosme nous est encore trop peu connu pour que nous puissions nous rendre compte de ses sensations, et ne voyons-nous pas poindre l'intelligence à mesure que l'on monte l'échelle, c'est-à-dire que les anencéphaliens se rapprochent le plus des encéphaliens ; de même, chez les encéphaliens, l'intelligence grandit en proportion du développement de l'encéphale dans les espèces qui se rapprochent le plus de l'homme, qui, sur notre planète, est l'être le plus élevé.

CHAPITRE VI

On remarque déjà la mémoire et la volonté, qui sont les indices de la pensée ; par exemple, qui n'a pas observé la mémoire et la volonté chez le cheval et le chien, ces fidèles amis, qui nous ont fait souvent oublier l'ingratitude des hommes ?

Entre un minéral et un végétal, entre un végétal et un animal, on ne saurait assigner scientifiquement une différence.

La même difficulté existe, de sorte que dans la matière tout s'enchaîne jusqu'à l'homme qui est le dernier anneau, l'homme est donc le plus perfectionné des encéphaliens.

CHAPITRE VII

Liberté de la pensée veut dire :

Liberté de l'expression, soit par la parole, soit par des écrits, soit par des actes.

LIBERTÉ DE LA PAROLE

La parole est le moyen le plus puissant de vulgarisation, mais elle est fugace, elle ne laisse pas dans l'esprit des empreintes comme la parole écrite; elle produit plus d'impression sur les foules.

Que la liberté de la parole, comme du reste toutes les libertés, ait eu sa période d'excès, d'extravagance, nous ne voulons pas le nier, mais nous pouvons assigner les causes.

CHAPITRE VIII

La liberté est une force incompressible ; quand elle est trop comprimée, elle fait explosion; comme toutes les forces, elle doit se développer dans son état normal, dans toute sa puissance et sans résistance ; aussi ne voit-on tous ses excès, toutes ses extravagances, qu'à la suite d'une longue compression.

CHAPITRE IX

Ah ! vous, ennemis de la liberté, autoritaires, monarchistes, et pseudo-républicains, vous qui

4.

redoutez tant la liberté et n'espérez que de la voir tomber en licence, nous ne comptons pas sur vous pour l'établir, nous savons que votre sagesse consiste à profiter de ses erreurs pour venir plus tard, d'un air triomphant, proclamer que la liberté n'est pas praticable et vous ériger en sauveurs de la société ; avec une apparence de raison, vous triomphez, c'est là la grande question qui empêche l'établissement de la liberté. Quand l'homme sera plus instruit, qu'il sera débarrassé de toutes les erreurs philosophiques et religieuses qui ont fait tant de mal à l'humanité, qu'il se recueillera, alors il comprendra qu'il possède la liberté, qu'elle fait partie intégrante de son être ; c'est alors qu'aura lieu la véritable émancipation, et ce sera une nouvelle phase pour l'humanité.

CHAPITRE X

Liberté de la parole écrite, ou liberté de la presse; nous ne cherchons pas tous les arguments qui militent en faveur de la liberté de la presse et tout ce qui a été écrit à ce sujet.

Partant de ce principe que l'homme, possédant la pensée, doit nécessairement posséder la liberté de l'exprimer par ses écrits, comme nous l'avons déjà dit, la liberté est de faire ce que l'on veut sans

nuire à autrui ; comme toutes les libertés, elle doit
exister sans entrave; la liberté illimitée de la presse
a son correctif dans la liberté, c'est ce que n'ont
pas compris les gouvernements : leur grand défaut
c'est de se croire infaillibles, vice du reste commun
à toutes les grandes puissances; la grande mission
de la presse est de les éclairer, c'est le *consensus*
universel, plus puissant que le suffrage universel,
c'est le vaste alambic où sont distillées toutes les
questions ; dans ce vaste alambic nos alchimistes
modernes y mettent toute espèce de choses qui
n'arrivent pas toujours à la distillation, ils prépa-
rent la science ; viendront plus tard les chimistes
qui la constitueront, la chimie sera science, comme
plus tard sera la sociologie ou science sociale.

CHAPITRE XI

Liberté de réunion, liberté d'association ; c'est
par l'association que l'homme pourra, guidé par
la justice, remplir son rôle ici-bas et sera véritablement le roi de la terre.

Comme tout s'enchaîne dans les questions de
liberté, la liberté implique en soi la liberté de
réunion. Peut-on se figurer un orateur sans auditeurs ? Les auditeurs eux-mêmes, à moins que ce
ne soient des anencéphaliens, n'ont-ils pas le droit

de collaborer leurs idées, en un mot de s'entendre, de juger, de vivre de la vie collective, en un mot, de s'associer, car l'homme seul, réduit à ses simples forces dans la société, est impuissant ? En cela il suit la loi de la nature que pour obtenir un résultat, il faut plusieurs forces différentes, c'est ce qui produit de si merveilleux effets dans l'industrie par la division de travail ; mais, me dira-t-on, le penseur qui, dans son cabinet, seul, médite, écrit, produit, est cependant bien seul, isolé. Ne nous y trompons pas, si la pensée s'élève au-dessus du commun des mortels, il faut que son cerveau ait été imprégné par une association d'idées dont le génie est la résultante.

CHAPITRE XII

Liberté de réunion et liberté d'association, c'est un terme corrélatif ; s'associer pour quadrupler ses forces, tel est le but suprême de l'humanité.

C'est par l'association et par l'association seule que l'homme pourra véritablement arriver à l'émancipation. Les droits, non du citoyen, mais de l'homme, comme l'avait proclamé la Révolution, voilà ce qu'il faut conquérir et nous arriverons plus tard à cette sublime idée, à cette religion nouvelle qui, dans l'avenir, s'appellera Humanité.

CHAPITRE XIII

L'Humanité sera la vraie religion, c'est vers elle que viendra converger tout ce qui est grand, tout ce qui est noble ; c'est par son amour pour l'humanité que le Christ est grand depuis dix-neuf cents ans. Que de crimes sont commis en son nom, que de sang versé, mais il n'est pas responsable, les hommes l'ont amoindri en voulant en faire un Dieu.

L'homme possède la liberté, je ne parle pas de la liberté individuelle, ni de la liberté de conscience, elles sont le résultat de son organisme, elles font partie de son existence.

Il ne peut les aliéner sans se suicider partiellement, elles sont une grande partie de son tout ; quand il aura compris, par suite, son développement intellectuel et aura appris à connaître toutes les ressources dont il dispose, il pourra se proclamer maître de la nature.

LIVRE V

Association ou Développement social.

CHAPITRE PREMIER

L'association, ou développement social, n'est possible qu'autant que l'homme se sera agrandi par l'hygiène, l'instruction, la propriété et la liberté ; c'est le complément de toutes les questions que nous avons étudiées dans les chapitres précédents. L'association est le but que nous avons voulu atteindre pour rendre l'homme heureux, c'est-à-dire libre et indépendant ; jusqu'alors le développement social, ou socialisme, ou collectivisme, comme on voudra l'appeler, comme toutes les idées nouvelles, n'est encore qu'à son époque d'enfantement, c'est-à-dire de douleurs ; malgré les efforts des vaillants combattants, la question n'a guère fait de progrès depuis 48, et cependant pour les esprits clairvoyants c'est la seule solution inéluctable de la souveraineté du peuple, basée sur le suffrage universel.

CHAPITRE II

D'où vient ce fait anormal, faut-il croire que toute idée nouvelle doit être purifiée par la souffrance? L'obstacle vient des gouvernants, et du manque d'énergie du peuple ; pour être, il faut vouloir.

Le peuple a une arme puissante : le suffrage universel ; sait-il s'en servir, hélas! malheureusement, non, depuis qu'il existe, le suffrage universel a commis bien des faiblesses, je dirai presque des crimes, et, le plus grand crime, c'est d'avoir ratifié le coup d'Etat ; je sais qu'il n'était pas éclairé, mais maintenant l'est-il beaucoup plus? Il donne ses voix à la République, mais il y a République aristocratique, bourgeoise, qui est contraire à ses intérêts, c'est pour celles-là qu'il vote le plus souvent ; quand je réfléchis à ces inconséquences, je suis convaincu que sans les préceptes que nous avons établis, la démocratie ne pourra pass'implanter. Qui dit République, dit socialisme : en effet, la République, gouvernement de tous, est le terrain propre, le seul où l'on puisse élaborer la question sociale.

CHAPITRE III

Dire, comme un grand orateur, qu'il n'y a pas de question sociale, c'est dire qu'il n'y a pas de République.

Dire qu'il n'y a que des questions sociales, c'est se payer de mots ; on sait combien les mots choisis ont de succès dans notre société frivole, une expression heureuse fait la joie des badauds, mais non pour les hommes sérieux, qui ne veulent se payer de mots.

Malgré son orgueil d'affranchi, malgré les encens qu'il reçoit de toutes parts des gouvernants, malgré son titre de peuple-souverain que lui décernent tous les jours ceux qui spéculent sur son ignorance, dans son gros bon sens le peuple sent et comprend bien qu'il lui manque encore quelque chose pour être souverain.

Aussi il a conscience de son infériorité ; voyez avec quelle ardeur et persistance il demande l'instruction, il sent bien que sans elle il ne peut rester qu'inférieur.

CHAPITRE IV

La République a été gouvernée jusqu'alors par des royalistes déguisés, qui l'auraient bientôt mise bas s'ils avaient pu s'entendre, ils ont même écrit la formule :

La République sans républicains ; cette idée est encore vivace dans les sphères gouvernementales ; on veut la République entourée d'institutions monarchiques, tout comme la Fayette voulait la monarchie entourée d'institutions républicaines.

Ce général, par son expression bien trouvée, parvint à endormir le peuple et faire accepter ce vieux roué de Louis-Philippe, mais le peuple, trompé si souvent, ne croit plus à un homme providentiel, il a été trompé aussi, il croyait à la question sociale au Deux Décembre, et c'est là une circonstance atténuante de ne pas s'être soulevé pour repousser le parjure, il l'a rudement expiée cette faute, aussi maintenant il réfléchit, il doute, le doute est le commencement de la sagesse, le mot barbare d'opportunisme créé par un malin et fin politique, le laisse-t-il à froid, et il a raison, car il pourrait être opportun de le déporter, de le fusiller, pour assurer la tranquillité à ceux qui se nomment les classes diligentes et qui devraient être simplement ses serviteurs.

CHAPITRE V

La rédemption viendra seulement le jour où le peuple comprendra qu'il peut tout par lui-même, et ce jour n'est pas éloigné ; *fara da se*, telle d it être sa formule, qu'il travaille, fasse tous ses efforts pour conquérir la science et la liberté, le grand problème social se résoudra tout seul, sans saccade, par évolution, nous pensons ; tout autre moyen serait illusoire, en cela nous avons l'expérience du passé, nous comprenons bien les impatiences, et certes nous serions les premiers à lui conseiller de briser ces chaînes, s'il ne pouvait les délier lui-même ; vouloir c'est pouvoir.

CHAPITRE VI

Les révolutions n'ont guère servi jusqu'alors qu'à se donner de nouveaux maîtres et qu'à verser des torrents de sang généreux et à remplir les casemates dans nos iles au-delà de l'Atlantique ; gardez ce sang généreux, et ne vous offrez pas en pâture aux gardes chiourmes, vous avez une arme : le suffrage universel, il faut s'en servir, mais s'en servir avec la conscience que donne la force, que ceux que vous choisirez pour mandataires soient vos serviteurs, exigez donc pour conditions *sine qua non*, qu'ils vous procurent l'instruction et la liberté, exigez-le, que chaque serviteur du peuple s'engage par écrit à demander l'instruction et la liberté de la pensée et de la parole, la liberté de réunion et la liberté de s'associer, soyez sévères pour eux, c'est vous qui les payez, nommez des comités en permanence, donnez à ces comités le droit de les révoquer s'ils ne remplissent pas leurs devoirs.

CHAPITRE VII

On me dira : C'est le mandat impératif, oui, sans doute, et c'est encore plus que le mandat impératif, car vos comités auront le droit de les casser s'ils sont indignes ; pour vos mandataires entendez-vous bien, pour vos conseillers municipaux comme les autres ; demandez les franchises municipales, il faut à tout prix se débarrasser des entraves administratives, véritables machines de Marly, car vous le savez, le progrès dans les machines consiste à simplifier, car moins on est gouverné, plus on est libre, et il faudra bien arriver à ce que Prud'hon appelle an-archie.

CHAPITRE VIII

Pour résoudre le grand et difficile problème social, il faut arriver à cette formule :

$I \times T = C$, ce qui veut dire : intelligence multiplié par travail égale capital.

L'intelligence est le produit des facultés développées par l'instruction, non telle qu'on la donne par l'Etat, mais bien celle que nous voulons donner par l'association; je veux bien, pour le moment, laisser en état l'instruction primaire, mais plus tard, je l'espère, on pourra se passer de son concours, il y aura des associations libres pour l'instruction; seulement l'État sera le gardien vigilant de la société, en raison des impôts qu'on lui donne pour subvenir aux premières charges de l'instruction et par conséquent, il pourra au concours, choisir les sujets nombreux qu'il paye pour son administration, et nous voulons que là s'arrête son initiative.

CHAPITRE IX

Qu'une société de métallurgistes, par exemple, donne un diplôme d'ingénieurs, des jeunes gens nommés ingénieurs pourront être admis à concourir pour un service de l'État, s'ils le préfèrent.

Il en est de même des sociétés d'agriculture; ainsi donc, émulation partout, la palme donnée au travailleur le plus intelligent, il pourrait en être de même de tous les corps d'État.

CHAPITRE X

Mais on me dira : Pour le médecin, l'État doit
exiger une garantie pour la société ; croyez-vous
que les médecins choisis par une association des
plus méritants n'offriraient pas des garanties, et
ensuite leur concours pour obtenir certaines fonctions n'offrirait pas une quantité d'instruction
plus grande? A cela on me dira encore : Il n'y aura
plus d'unité dans la science, plus de méthode, c'est
justement ce que nous voulons ; il est vrai que
l'on ne purgera pas à l'hôpital telle rangée de soldats et on ne fera pas vomir telle autre, comme
cela se faisait et se fait peut-être encore dans la
médecine militaire, il n'y aura plus la foi du maître,
mais celle de l'expérience ; je pourrais citer d'autres
exemples pris dans d'autres associations, mais
j'aime à prendre ces exemples dans les cas les
plus sujets à discussion, car je n'aime pas à
tourner les difficultés, j'aime à prendre le taureau
par les cornes.

CHAPITRE XI

Comme on le voit, le peuple peut se passer de
l'État pour conquérir un des premiers termes du
problème : *Intelligence.*

Pour le second terme, pour le *travail*, l'État ne doit pas intervenir, les sociétés doivent procurer du travail à tout citoyen, c'est le véritable droit au travail.

Quand les citoyens instruits comprendront la noblesse du travail, peu s'y refuseront, car l'homme qui ne veut pas travailler est abruti par la débauche.

Son intelligence lui fera comprendre cette loi, qui est le relèvement ; celui qui ne travaille pas est un voleur, a dit Louis Blanc, et Solon dit qu'il sera permis de déférer aux tribunaux celui qui ne travaille pas ; Bouchardat, dans son livre du travail, dit : L'oisif de corps et d'esprit est un pauvre insensé autant à plaindre qu'à blâmer.

La loi du travail est la vie même, est l'honneur des sociétés modernes ; la misère et le mal doivent disparaître devant la science, la lumière, comme les oiseaux de nuit.

CHAPITRE XII

La réhabilitation ne peut venir que par le travail et l'association, c'est là le rédempteur, le vrai rédempteur ; quand il aura compris que le travail est un facteur de l'émancipation, il n'y aura que très peu de citoyens qui s'y refuseront, pour ceux-là la loi sera inexorable, ne voulant pas vivre dans la société, ils seront bannis de France.

Ainsi donc, pour trouver le premier terme du problème social, développer l'intelligence par tous les moyens possibles et le problème sera les trois quarts résolu ; je n'entends pas par développement de l'intelligence, seulement l'instruction scolaire, gratuite et obligatoire, certes, c'est une grande lacune à combler, car la France en République, devrait être le pays où tous les citoyens auront un degré de l'instruction le plus élevé.

CHAPITRE XIII

Mais cette instruction primaire qu'on réclame partout avec tant d'ardeur est-elle suffisante ? Evidemment non ; pour l'intelligence et le développement, mais bien peu, ce sera un terrain qui sera amendé sans qu'il ait encore reçu la semence qui doit le faire rapporter.

Aussi l'instruction primaire que l'État doit donner à tous ses enfants, c'est-à-dire l'outil, est-elle insuffisante, mais je veux que l'État s'arrête là, car moins on sentira son influence, plus on sera libre; alors commence le rôle des associations, rôle immense qui doit changer la face du monde, je veux parler de l'instruction professionnelle ; au sortir de l'école, l'enfant entre dans la vie en apprenti, par exemple qu'il se destine à labourer le champ de ses pères, il devra faire son apprentissage, dans chaque chef-lieu de canton, il y aura une association de cultivateurs, véritable école de culture où tous les jeunes cultivateurs pourront s'instruire et seront forcés de se réunir le dimanche, où ils feront des lectures et une composition écrite sur le sujet de l'agriculture ; ils se réuniront tous les six mois au chef-lieu de canton où aura lieu un examen général, où leur diplôme leur sera délivré, la règle sera identique pour toutes les associations.

CHAPITRE XIV

Le *capital* est défini, le travail accumulé, j'admets cette définition, mais dans notre société actuelle, le travail étant la source la plus précaire de la richesse, il est manifeste que notre définition ne serait pas juste, mais nous voulons à tout prix qu'elle le soit, il est temps de faire cesser cette guerre entre le travail et le capital, guerre, si on n'y porte remède, qui peut éclore un de ces jours et avoir des effets autrement terribles que celle qui a eu lieu pour abolir la noblesse et les droits féodaux, car il faut bien le reconnaître, sous la noblesse, le

prolétaire n'était guère plus malheureux qu'aujour-
d'hui et le serf d'autrefois avait l'existence plus
assurée que le serf de la machine, c'est-à-dire le
serf d'aujourd'hui ; il n'avait pas de droit, mais
actuellement, le prolétaire si fier de ses droits a à
peu près le droit de mourir de faim, ou sur ses
vieux jours, quand il ne peut plus travailler, de
mourir à l'hôpital.

CHAPITRE XV

Voilà les beaux résultats qu'a gagnés le peuple
souverain en France, l'ébullition dans les masses
est moins grande, parce que le peuple, surtout dans
les campagnes, a pu arriver à la propriété à force
de sueur, mais dans les autres pays de l'Europe,
la riche Angleterre est peut-être à la veille d'une
terrible révolution, la Russie ne peut vivre avec
ses nihilistes, et le puissant Bismarck craint plus
les théories de Bebel et de Leibnek, qu'une coali-
tion des puissances; aussi que signifie cette alliance
de l'Autriche, l'Italie et l'Allemagne, sinon une
garantie contre les idées nouvelles ? ces idées, il
faut bien le dire, viennent de France où ont été
proclamés les droits de l'homme.

CHAPITRE XVI

La proclamation des droits de l'homme, comme toutes les grandes idées, ne fut, dans le commencement, pas bien comprise, mais elle fut un *credo* nouveau, qui va en s'augmentant chaque jour ; ces idées se sont reflétées dans l'âme du peuple, ainsi les Russes affranchis par l'empereur Alexandre ont-ils compris depuis qu'ils avaient des droits, qu'ils faisaient partie de la grande famille de l'humanité, c'est la France qui a eu l'honneur de leur révéler ces idées. C'en est fait de l'autocratie, on ne peut être autocrate qu'autant que l'on règne sur des esclaves comme étaient autrefois les Russes, ou comme le sont encore aujourd'hui les populations d'Asie ; les autocrates, les despotes disparaitront certainement en Europe, comme du reste toutes les autocraties

CHAPITRE XVII

En suivant les préceptes que nous avons établis, préceptes basés sur la méthode scientifique, on arrivera sûrement, fatalement à la solution du pro-

blême social, que l'on peut définir par cette formule : $I \times T = C$. Alors plus d'aristocraties, plus de
monopoles, et flottera sur les Etats-Unis d'Europe
le drapeau immaculé, symbole de solidarité et de
fraternité des peuples.

DIJON, IMPRIMERIE DARANTIERE.

TABLE DES LIVRES

ERRATA

				au lieu de	
Page	9, ligne	22 :	qu'ont,	*au lieu de*	ont.
—	18, —	24 :	enfant,	—	enfance.
—	21, —	10 :	révolution,	—	révélation.
—	21, —	21 :	expiration,	—	aspiration.
—	27, —	11 :	l'inconnu,	—	un inconnu.
—	27, —	18 :	imaginaires,	—	imaginables.
—	31, —	12 :	mes veilles,	—	les veilles.
—	32, —	3 :	dîmes,	—	dimes.
—	32, —	6 :	il le fait,	—	il se fait.
—	32, —	7 :	; nourriture,	—	une nourriture.
—	35, —	18 :	Grattez l'ivrogne,	—	ivrognerie.
—	58, —	18 :	ils sentaient bien,	—	elles.
—	97, —	14 :	accumulé,	—	accumule.

BIBLIOTHÈQUE NATIONALE

CHÂTEAU
de
SABLÉ
1991

9 782011 296511